●●● Illustrated book of the Paralympic games ●●●

パラリンピック大事典

和田 浩一 監修 **堀切 功** 監修協力

世界最高

リオデジャネイロ・パラリンピック開会式で、聖火台に点火したクロドアルド・シルバ選手。

最高峰の障害者スポーツの祭典
パラリンピック

2020年に、第16回パラリンピックが東京で開催されます。パラリンピックとは、体や視覚などに障害のある人を対象にした、世界最高峰のスポーツ大会のことです。4年に1度、夏季および冬季オリンピック終了後に開催されています。

もくじ

世界最高峰の障害者スポーツの祭典 パラリンピック ……… 2

【Part 1】 パラリンピックとは？

オリンピックと並ぶ世界最高峰の大会 パラリンピック ……… 6
リオデジャネイロ・パラリンピック ……… 8
パラリンピックが大切にしているもの ……… 10
正しく理解しよう① 障害の種類 ……… 12
正しく理解しよう② 障害者スポーツの仕組み ……… 14
正しく理解しよう③ 障害者スポーツの競技環境 ……… 16
競技を支える人たち① 目の代わりを務める仕事 ……… 18
競技を支える人たち② 選手・大会をバックアップする仕事 ……… 20
体の動きを補助する用具 ……… 22
パラリンピックを取り巻く組織 ……… 24

【Part 2】 パラリンピックの歴史

歴史を年表でみよう ……… 26
パラリンピックの原点 ……… 28
世界地図でみるパラリンピック開催地 ……… 30
パラリンピック大会 開催地年表 ……… 32
今はなくなったパラリンピックの競技 ……… 34
日本初参加への道 ……… 36
障害者が活躍できる場所へ ……… 38

【Part 3】 2020年 東京パラリンピック

56年ぶりにパラリンピックが東京へ ……… 40
東京パラリンピックへの取り組み ……… 42
コラム パラリンピアンにアンケート 競技環境の今と東京大会への期待 ……… 44
さまざまな障害者スポーツ大会 ……… 46
コラム もっと競技がおもしろくなる！ 選手たちのさまざまな取り組み ……… 48

【Part4】パラリンピックの競技を知ろう

夏季パラリンピック

ボッチャ	50
ゴールボール	51
水泳	52
車いすテニス	54
陸上競技	56
車いすバスケットボール	60
ウィルチェアーラグビー	61
柔道	62
自転車	63
卓球／5人制サッカー	64
パラトライアスロン	65
パワーリフティング	66
アーチェリー	67
ローイング（ボート）／カヌー	68
馬術	70
射撃	71
シッティングバレーボール／車いすフェンシング	72

2016年 リオデジャネイロ大会まで行われていた競技

セーリング／7人制サッカー	73

2020年 東京大会で増える競技

バドミントン／テコンドー	73

冬季パラリンピック

アルペンスキー／クロスカントリースキー	74
アイススレッジホッケー／バイアスロン	76
車いすカーリング	77

2018年 平昌大会から増える競技

スノーボード	77

さくいん ……… 78

※「第12回アテネ大会（ギリシャ）」のような表記はパラリンピック競技大会を示します。カッコ内は開催国です。
※ 紹介している情報は、2017年1月現在のものです。
※「障害」の表記については多様な考え方があり、「障害」のほかに「障がい」などとする場合があります。この本では、障害とはその人自身にあるものでなく、言葉の本来の意味での「生活するうえで直面する壁や制限」ととらえ、「障害」と表記しています。

Part 1 パラリンピックとは？

オリンピックと並ぶ世界最高峰の大会
パラリンピック

パラリンピックは障害者を対象とした、世界最高峰のスポーツの大会。4年に1度、オリンピックと同じ年、同じ都市で開催される、もうひとつのオリンピックです。もともとはリハビリテーションとして始まった障害者スポーツですが、現在では競技スポーツへと発展しています。

パラリンピック種目の

ウィルチェアーラグビー

ラグビーやバスケットボール、アイスホッケーなどのスポーツの要素を組み合わせた競技です。四肢に障害のある選手が行います。

水泳

水泳は「肢体不自由」と、「視覚障害」「知的障害」のクラスがあります。また障害に合わせた泳ぎ方やルールがあります。

卓球

障害の種類や程度、運動機能のちがいにより、「車いす」「立位（自分の足や義足で立つこと）」「知的障害」のクラスに分かれています。

関連キーワード｜障害の種類▶P12〜13｜水泳▶P52〜53｜ウィルチェアーラグビー▶P61｜卓球▶P64

パラリンピアン

パラリンピアンとは、パラリンピックに出場した選手のよび名です。予選や選考基準をクリアし、それぞれの国の代表に選ばれた選手だけが、パラリンピックに出場できます。年々、大会のレベルが高くなり、世界記録が更新されています。国際パラリンピック委員会（IPC）は2015年に、パラリンピアンが2018年までに達成するべきことを発表しました。それは、「パラリンピックを通じて、障害者一人ひとりが生活しやすい社会をつくること」。これに向けてパラリンピアン一人ひとりが、「パラリンピックを最高のイベントにすること」「障害者スポーツを発展させること」「『パラリンピック』というブランドを広めること」という使命感を持って活動しています。

一部を紹介します

陸上競技

マラソン
視覚障害のある選手の場合は、障害の程度により、伴走者と走るクラス、伴走者の有無を選べるクラス、単独で走るクラスに分かれて42.195kmを走ります。

フィールド
腕や足を切断した選手の場合は、義手や義足を装着して、「跳躍」や「投てき」の各競技を行います。オリンピック選手をこえる記録が出ることもあります。

トラック
車いすの選手の場合は、マラソンでも使われる「レーサー」という競技用の車いすに乗ります。競技場に設けられたレーンを猛スピードでかけぬけます。

関連キーワード ｜ マラソン ▶ P56 ｜ トラック ▶ P58 ｜ フィールド ▶ P59

「新しい世界」の幕開け
リオデジャネイロ・パラリンピック

2016年9月7日から18日の12日間にわたって開催された、「第15回リオデジャネイロ 2016パラリンピック競技大会」。新たに加わったパラトライアスロンやカヌーをふくむ、22競技528種目で選手たちが競い合いました。日本からは約130人の選手が参加しました。

「限界のない心」をコンセプトに行われた開会式

リオデジャネイロ大会

　リオデジャネイロ大会は、パラリンピックの歴史の中ではじめて、南アメリカ大陸で開催された大会です。
　170以上の国と地域から、過去最多となる4,350人もの選手たちが参加。大会ビジョンの"A New World（新しい世界へ）"にふさわしい、スポーツの可能性の広がりを感じさせる大会になりました。
　この大会は、開催国のブラジルにとっても、新たなチャレンジがつまった大会でした。開催前には、安全面や会場設備の課題、チケットの売り上げののびなやみなど、多くの問題が報じられました。しかし始まってみれば、会場は連日、たくさんの観客で大にぎわい。たくさんの声援が、選手たちの戦いを盛り上げました。そして、心配されていたテロや大きなトラブルもなく、無事に閉会式をむかえました。
　国際パラリンピック委員会（IPC）のフィリップ・クレイヴン会長は、閉会式で、リオ市民やブラジル国民に向けて「みなさんは1日、1日、スポーツのカーニバルをつくりあげてくれた」と話しました。パラリンピックの大成功を、ブラジルの有名なお祭り「リオのカーニバル」にたとえた、心からの感謝の言葉でした。

関連キーワード｜国際パラリンピック委員会（IPC）▶P24

日本のメダル獲得数

日本のメダル獲得数は、金0個、銀10個、銅14個。金メダルこそなかったものの、メダル獲得総数では前回のロンドン大会（イギリス）を上回る成績でした。また、重い障害のある選手の競技「ボッチャ」で銀メダルを獲得するなど、障害者スポーツを広くアピールできる結果を残しました。

記録更新

オリンピックとパラリンピックの間で、トップ選手の実力差が小さくなってきています。リオデジャネイロ大会では、オリンピック以上の好記録を残す選手も出ました。たとえば、陸上男子1,500m（視覚障害）では、4位までの入賞者のタイムが、オリンピックの同じ種目の優勝タイムを上回りました。また、パワーリフティング男子107kg超級で出た世界新記録は、ほぼ同じルールで競う健常者の最高記録を上回りました。

パラリンピック殿堂

パラリンピックで、偉大な功績を残し、スポーツマンとしての理想的な精神を備えた選手やコーチをたたえるのが、パラリンピック殿堂です。2006年に国際パラリンピック委員会（IPC）が設立しました。

2016年には、日本人ではじめて、水泳選手の河合純一さんが殿堂入りしました。河合さんは、競泳男子（視覚障害）で、1992年の第9回バルセロナ大会（スペイン）から2012年の第14回ロンドン大会（イギリス）まで、6大会に連続で出場。5個の金メダルをふくむ、21個のメダルを獲得しました。その実績に加え、日本パラリンピアンズ協会会長としての活動も評価されました。

多くのメダルを獲得した河合純一さん

コラム　リオデジャネイロ大会開会式のアクシデント

リオデジャネイロ大会の開会式に聖火が登場したとき、降っていた雨が強くなり始めました。聖火ランナーとしてつえをつきながら競技場を走っていたマルシア・マルサル選手（陸上競技）は、その影響か、転倒し、トーチを落としてしまいました。思わぬアクシデントに、観客も息をのみました。しかし、その直後、観客が少しずつ立ち上がり、声援を送り始めたのです。

マルシア選手はスタッフの助けを借りて立ち上がり、再び冷静に歩み始めました。そして、無事に聖火リレーは続けられました。

聖火ランナーとして、雨の中を走ったマルシア・マルサル選手

関連キーワード｜聖火とトーチ ▶ P11

すばらしいプレーで、人を勇気づけるために
パラリンピックが大切にしているもの

国際パラリンピック委員会（IPC）には、「Spirit in Motion」というモットーがあります。この言葉には、「選手のすばらしいプレーで、人を勇気づける」という思いがこめられています。その思いとあわせて、パラリンピックが大切にしているものを紹介します。

パラリンピック・ムーブメント

パラリンピック・ムーブメントとは、パラリンピックを通して、世界中の人たちの気持ちや、社会のあり方を良い方向に変えていこうとする活動のことです。

障害のある人にとって、運動は体の機能を高めるために重要なものです。選手たちは、競技生活を通して自分の体と向き合い、記録更新にいどんだり、勝利をめざしたりします。

活躍する選手たちの姿は、競技を観戦している障害者の人々のはげみになります。「自分には障害があるから何もできない」と落ちこんでいた人も、同じような障害がありながら力強く生きている選手たちを見て、自信を取りもどすことができます。

選手たちの努力や活躍にはげまされるのは、健常者も同じです。また、選手たちを応援するうちに、障害についての理解も深まります。このように、パラリンピックには、人を動かし社会を変える力があるのです。

4つの価値

2012年の第14回ロンドン大会（イギリス）で、IPCから示された、パラリンピックが持つ意義のことです。パラリンピックの選手たちが持つべき精神や、それが社会にもたらす効果を表しています。

勇気

自分の可能性を信じて、困難や勝負に立ち向かう精神力。

強い意志

目標を定めて、最後まであきらめずにやりぬく力。

公平

障害の有無に関わらず、すべての人が尊重し合い、さまざまな機会を得られる社会をめざすこと。

インスピレーション

アスリートとしての生き方を通して、見る人に勇気と感動をあたえること。

シンボル

パラリンピックを象徴するマークです。現在のものは2004年の第12回アテネ大会（ギリシャ）から使われています。「アギト」（ラテン語で「私は動く」という意味）と名づけられたラインが3本組み合わされ、「スリーアギトス」とよばれています。世界の国旗で多く使われている色である赤・青・緑のアギトは、円を囲むように置かれ、世界中から選手が集まり、競い合う様子を表しています。このシンボルには、選手たちが決してあきらめずに前進し、世界を動かしているという意味がこめられています。

現在のシンボルは3代目

聖火とトーチ

聖火は、競技大会を見守る神様にささげられる、神聖な火です。太陽の光をレンズで集めて採火します。オリンピックの場合は、古代オリンピックが行われていたヘラ神殿の横で採火されますが、パラリンピックの採火は、たいてい開催国内で行われます。ともされた火は、トーチという細長いたいまつをバトンのように使い、たくさんの人の手で開会式会場まで聖火リレーで運ばれます。

パラリンピックのトーチには、「勇気」「公平」といった理念が点字で刻まれている

メダル

パラリンピックでも、種目ごとに、1位・2位・3位の選手にそれぞれ金・銀・銅メダルが授与されます。オリンピックと同じように、開催国のイメージやその大会のコンセプトなどをもとにデザインされます。

リオデジャネイロ大会のメダルは、視覚に障害のある選手にもわかりやすいよう、点字が刻まれていたり、メダルをふると色によって異なる音が鳴ったりと、工夫がこらされました。

パラリンピックの金メダル

エンブレム

大会を象徴するエンブレムは、開催都市のイメージや大会ビジョンを表す図柄に、開催年、開催都市の名前、そしてパラリンピックのシンボルマークを組み合わせてデザインされます。ポスターや公式サイトなどに使われるほか、会場をはじめ開催都市のあちこちにかざられ、パラリンピックを盛り上げます。

2020年の第16回東京大会のエンブレムは、「組市松紋」とよばれ、日本伝統の市松模様をもとにつくられました。オリンピックのエンブレムと同様に、パラリンピックを通して、さまざまなちがいを乗りこえ、つながっていく世界を表しています。

オリンピックのエンブレムにはオリンピックの五輪のシンボルマークが、パラリンピックのエンブレムにはスリーアギトスのシンボルマークが入っています。

正しく理解しよう❶ 障害の種類

3つの障害

障害は、大きく「知的障害」「身体障害」「精神障害」の3つに分けられます。どのような障害のある人がパラリンピックに出られるのかは、ルールで定められています。

パラリンピックに参加できるクラスがある障害

知的障害

身体障害

読み書きや計算、ものごとの理解などを全体的に苦手とする障害です。発達障害と重複している場合は、他者とのコミュニケーションも苦手とすることがあります。原因や程度はさまざまで、体の障害をともなう場合もあります。芸術やスポーツなどの分野で活躍する人もいて、スポーツでは多くの競技で国内大会や国際大会が行われています。

パラリンピックでは、陸上競技や、水泳、卓球に、知的障害者のクラスが設けられています。また、知的障害者のための国際的なスポーツの場として、スペシャルオリンピックスやINASグローバル競技大会があります。パラリンピックと同じように、4年に1度世界大会が開催され、出場者全員にメダルやリボンがおくられます。

肢体不自由
体の一部がない、または動かしにくいという障害です。「肢」は手足、「体」は頭から胴までの部位のこと。障害の状態に合わせて、義手や義足、車いす、つえといった補助具（動きを助ける用具）を使うこともあります。

上肢障害 手に障害があること。
下肢障害 足に障害があること。
四肢障害 両手・両足に障害があること。

機能障害 筋肉や骨、神経などに異常があり、体の一部がうまく動かないこと。

脳性まひ 脳の損傷が原因で、手足などがうまく動かないこと。動かなくなる程度や部位はまちまちで、「四肢まひ（両手両足）」「片まひ（左手左足または右手右足）」などとより細かい分類をすることもある。

対まひ 脊髄（背骨の中を通る神経）の損傷などが原因で、両足がうまく動かないこと。

切断 手足の一部または全部がないこと。生まれつきない場合（欠損）と、けがや病気などでなくした場合がある。

視覚障害
目が見えない、または見えにくいという障害です。まったく見えない人を「全盲」、めがねなどをしても視力が低い人や、見える範囲がせまい人を「弱視」と区別します。弱視の中でも、見える程度や範囲は異なります。歩くときは、周囲を探る白いつえを使ったり、盲導犬を連れたりします。また、でっぱった点を指でさわって読む「点字」を使う人や、文字を音声で読み上げる機器を使う人もいます。

パラリンピックでは、ゴールボールや柔道のように視覚障害者だけが出場できる競技と、陸上競技や水泳のように視覚障害クラスが設けられている競技があります。

関連キーワード | スペシャルオリンピックス ▶ P46 | INASグローバル競技大会 ▶ P47

12

パラリンピックに出場する選手は、全員に何らかの障害があります。障害の種類や程度はさまざまです。また、生まれつきの障害（先天性）もあれば、けがや病気による障害（後天性）もあります。ここでは、障害の種類や、スポーツとの関わりをくわしく見てみましょう。

Part 1

障害にはいろいろな種類があるんだね

パラリンピックに参加できるクラスがない障害

聴覚障害

耳が聞こえない、または聞こえにくいという障害です。聞こえにくい人の音の聞こえ方は、ごく小さくしか聞こえない、ゆがんで聞こえるなどさまざまです。補聴器をつければ聞こえやすくなる場合もあります。コミュニケーションの手段として、声の代わりに、指や体の動きで表現する「手話」を使う人もいます。また、話す人の口の動きから言葉を読み取る、「読唇」の技術を身につけている人もいます。

パラリンピックには、聴覚障害者のための競技は設けられていませんが、デフリンピックという国際大会が、夏季・冬季ともに4年に1度開催されています。「デフ（deaf）」は「ろう者（耳が聞こえない人）」という意味の英語です。

内部障害

主に病気を原因とする、体の中にある障害です。内臓が十分に機能していないため、医療機器などで補うこともあります。たとえば、全身に血液を送る心臓の機能が低下した人は、ペースメーカーというポンプのような機械を体内に入れたり、呼吸をする肺の機能が低下した人は、酸素ボンベを使ったりします。

パラリンピックには、内部障害者のための競技はありません。ただし、肢体不自由者として出場する選手の中には、内部障害がある人もいます。また、国内の障害者スポーツ大会では、内部障害者が参加できる種目を設けている場合もあります。

精神障害

さまざまな原因により、気持ちや考え方などに影響がおよんで、生活や行動のしにくさにつながる障害です。気持ちが落ちこんだり、急に体調をくずしたり、人と会うのがこわくなったりするなど、ほかの人からは大変さがわかりにくいものです。そのため、周囲の人たちの理解がなかなか得られず、孤独やなやみが深まりやすいという特徴があります。こうした状況を改善するのに、スポーツは有効な方法のひとつだと考えられています。

パラリンピックには、精神障害者のクラスは設けられていません。バレーボールやサッカー、バスケットボール、卓球などでは、精神障害者のための競技会が開催されています。国内で開催されている、全国障害者スポーツ大会にも参加しています。

関連キーワード｜デフリンピック▶P46｜全国障害者スポーツ大会▶P47

13

正しく理解しよう❷
障害者スポーツの仕組み

スポーツはだれもが楽しめるもので、それは障害があってもなくても変わりありません。体を動かして、自分で立てた目標に向かっていったり、ほかの人と競い合ったりする喜びは、すべての人に共通です。障害者スポーツには、より楽しく、より公平な条件で競技を行うための、さまざまな工夫や仕組みがあります。

障害者スポーツ

障害者スポーツ選手の障害のある部位や種類は、それぞれちがいます。同じ障害があっても、その程度（障害の重さ）がちがう場合もあります。

パラリンピックでは、スポーツとして勝敗を公平に決めるために、障害の種類や程度によってクラスを分けているほか、その程度によって係数を決める「計算タイム制」や、持ち点を変える「ポイント制度」などのルールを設定しています。

クラス分け

多くの競技で、障害の種類や程度に応じて「クラス分け」が行われます。たとえば視覚障害の場合、全盲の人もいれば、わずかに見えるという人もいます。また、視力や視野も人によってちがうため、見え方は変わります。このような中で公平に競い合えるようにするためには、同じような条件の人でグループをつくる必要があります。

クラス分けの基準は、競技ごとに細かく決められています。いずれかのクラスに入る条件を満たしていると判定されなければ、原則として大会に出場することはできません。

クラスの判定は、必要な知識や技術を持った「クラシファイヤー」が行います。

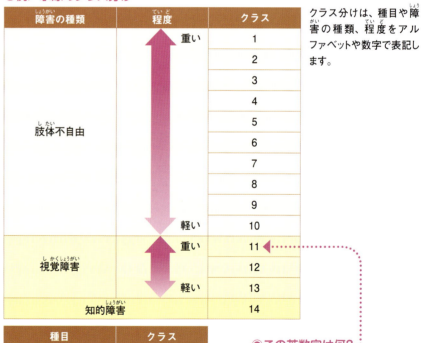

●例／水泳のクラス分け

障害の種類	程度	クラス
肢体不自由	重い	1
		2
		3
		4
		5
		6
		7
		8
		9
	軽い	10
視覚障害	重い	11
		12
	軽い	13
知的障害		14

種目	クラス
自由形	
背泳ぎ	S
バタフライ	
平泳ぎ	SB
個人メドレー	SM

クラス分けは、種目や障害の種類、程度をアルファベットや数字で表記します。

●この英数字は何？

SB 11

パラリンピックの種目でよく見かけるこの英数字。この場合、「SB」は平泳ぎ、「11」は重い視覚障害を示しています。

関連キーワード｜知的障害、肢体不自由、視覚障害 ▶P12〜13

計算タイム制

タイムを競うアルペンスキーなどの競技で導入されているのが、「計算タイム制」です。障害の種類によって「座位」「立位」「視覚障害」の3つのカテゴリーに分かれますが、その中でも障害の程度はちがいます。公平に勝負できるように、障害の程度に応じた係数（割合）を設け、実走タイムにその係数をかけた計算タイムで順位を決定します。障害の程度が軽いほど係数は大きくなります（最大100％）。

●例／係数が90％の選手Aと、80％の選手Bの場合

	計算方法	計算タイム
選手A	実走タイム90秒×係数90％	81秒
選手B	実走タイム100秒×係数80％	80秒

実走タイムは障害の程度が軽い選手Aのほうが速いですが、計算タイムでは障害の程度が重い選手Bのほうが速くなります。

ポイント制度

車いすバスケットボールなどの団体競技で導入されているのが、「ポイント制度」です。各チーム、選手によって障害の程度が異なるので、一人ひとりの障害の程度を持ち点に置きかえることで、公平に勝負ができるようにしています。

たとえば車いすバスケットボールでは、障害が軽い選手ほど持ち点が大きくなるように、4.5～1.0点の間で各選手に持ち点をあたえます。試合に出ている各チーム5人の選手の合計点が、14.0点をこえてはいけません。

クラシファイヤー

クラス分けに必要な知識や技術を学び、実際にクラス分けの判定を行うのが「クラシファイヤー（クラス分け委員）」です。

クラス分けは、競技ごとに規則が異なります。パラリンピックでは、国際パラリンピック委員会（IPC）が定める国際クラス分け基準をもとにします。また、「障害区分」とよばれる日本国内独自の規則もあります。

クラシファイヤーも、基準に合わせて「国際クラシファイヤー」と、「国内クラシファイヤー」に分けられます。

パラリンピックのような大きな国際大会への出場を判定できる国際クラシファイヤーは、日本ではまだ少ないんだって。

コラム　おたがいを尊重し、認め合うダイバーシティ

ダイバーシティ（diversity）は、日本語では「多様性」と訳される言葉です。ここでいう多様性とは、世の中にさまざまな人がいて、みんながおたがいを尊重し、認め合っている状態のことです。日本は今、そんな多様性のある社会をめざしています。

パラリンピックなどの障害者スポーツは、その象徴になる可能性を持っています。この世界には、同じ人はひとりもいません。ちがうからこそ価値があり、ちがうからこそおもしろく、ちがうからこそ感動するのです。そのことを、さまざまな障害のある選手たちが、スポーツで活躍する姿を通して伝えてくれるのが、パラリンピックです。

関連キーワード | 車いすバスケットボール ▶ P60 | アルペンスキー ▶ P74～75

正しく理解しよう❸
障害者スポーツの競技環境

障害者スポーツは、健常者のスポーツに比べると競技人口が少なく、歴史も長くはありません。競技団体や国の取り組みなど、選手たちを支える体制が整ってきたのは最近のことです。競技を取り巻く環境の変化と、障害者スポーツがこれからめざす未来を見ていきましょう。

競技団体

スポーツには、競技ごとにそれをまとめる団体があります。障害者スポーツにも競技団体があり、日本パラリンピック委員会（JPC）には63団体（2016年時点）が加盟しています。競技の普及や選手の強化、ドーピングの根絶など、それぞれの競技を発展させるための活動に取り組んでいます。

日本の場合、健常者スポーツの団体とは別になっていることがほとんどです。人材や資金が十分に集まらず、思うような活動ができないとなやむ団体も数多くあります。しかし、2020年の東京大会の開催が決まったことが追い風になり、状況は改善されてきています。

障害者スポーツ大会の開催や指導者の育成などを行う日本障がい者スポーツ協会

普及と強化

競技を広く知ってもらい、参加者を増やす「普及」と、強い選手やチームを育てる「強化」は、どちらも競技団体の重要な役割です。障害者スポーツは対象人数が限られているうえ、スポーツに取り組む機会に恵まれない人も多いので、普及が進みにくいといえます。

競技を盛り上げるためには、強い選手たちを育成して、パラリンピックでより多くのメダル獲得をめざすことも必要です。しかしそれ以上に、まずは競技が根づくような環境を整え、多くの人に競技を楽しんでもらうことが重要です。

幼児や障害者が使えるように専用設備を備えた赤羽体育館（東京都）

活動費用

競技によってちがいはありますが、本格的にスポーツをするにはお金がかかります。特に障害のある人の場合、高価な競技用具の購入費・整備費、競技を補助するスタッフの人件費、練習場までの交通費など、障害のない人よりも出費がかさみがちです。

しかし、そのような困難を乗りこえ、日本代表クラスにまでレベルアップした選手に対しての支援は、以前に比べると大幅に充実し始めています。実質的にプロに近い環境で活動できる選手も増えており、競技レベルのさらなる向上が期待されています。

スポーツ庁

　日本でスポーツ関連の政策や事業を取りまとめるのは、教育や文化をつかさどる文部科学省です。ところが長い間、障害者スポーツだけは別でした。「障害者のスポーツは病気やけがのリハビリテーションのためのもの」という考えから、医療や福祉をつかさどる厚生労働省の担当とされてきたのです。

　しかし2014年に、障害者スポーツに関わる事業の大半が、文部科学省に移されました。さらに、2015年にはスポーツ庁が設置され、日本のスポーツのすべてをひとつの組織であつかえるようになりました。

　オリンピック・パラリンピックに向け、開催国として大会を盛り上げるために、スポーツ庁が中心となって活動しています。

　大会終了後も、スポーツで社会を明るくするための働きかけが期待されています。

2015年に設置されたスポーツ庁

味の素ナショナルトレーニングセンター、国立スポーツ科学センター

　日本トップクラスの選手をさらに強化するため、2008年に開設されたのが、味の素ナショナルトレーニングセンター（NTC）と、国立スポーツ科学センター（JISS）です。最先端のスポーツ科学の知識と技術を集めた施設ですが、原則として障害者スポーツの選手は利用できませんでした。しかし、パラリンピックを通じて障害者スポーツへの理解が深まり、選手や競技団体も施設利用の必要性をうったえ続けた結果、現在では強化指定選手の体力測定やトレーニングにも使われるようになっています。ただし、施設のバリアフリー化や、パラリンピック独自の種目への対応など、課題も多く残されています。また、利用希望者が増え続けているため、第2のナショナルトレーニングセンターの建設計画が進められています。

豊富なトレーニング場に加え、宿泊施設もあるNTC

スポーツ基本法・スポーツ基本計画

　2011年6月、「スポーツ基本法」が成立しました。この法律は、日本におけるスポーツに関する基本的な考え方をまとめたものです。「スポーツを通じて幸福で豊かな生活を営むことは、全ての人々の権利」とされ、障害者スポーツも推進していくことが明記されました。

　そして、この法律にかかげられたスポーツの価値を実現するために、文部科学省（現在ではスポーツ庁）が定めているのが、「スポーツ基本計画」です。第1期の計画では、2012年度からの5年間で取り組むべき内容が示されました。その中には、オリンピックやパラリンピックでの金メダル獲得ランキングの目標もふくまれています。

競技を支える人たち❶
目の代わりを務める仕事

視覚障害のある選手が安全に競技できるように、サポートする人たちがいます。
一心同体、二人三脚の連携プレーは、パラリンピックの見どころのひとつでもあります。

ガイドランナー／コーラー（陸上競技）

　ガイドランナーは、選手をゴールまで導く伴走者です。トラック種目やマラソンといった、決められたレーンやコースがある種目で、選手が迷わず走れるように方向などの指示を出します。選手との距離は50cm以内。ひじをつかんだり、輪にしたひもの両端をにぎったりして、呼吸を合わせて走ります。

　コーラーは、競技中に必要な情報を、音や声で選手に伝える役目です。跳躍や投てき種目に登場します。たとえば走り幅とびでは、ガイドが選手を助走のスタート位置まで誘導し、走る方向を指示。コーラーは、助走し始めた選手に、手をたたいたり声を出したりして踏み切り位置を伝えます。

　ときにはガイドランナーが別のコースに足を踏み入れ、失格となることもあります。2人で練習を重ねてはじめて、一心同体のプレーが生まれるのです。

選手に指示を出すガイドランナー（右）

ゴールキーパー／コーラー（5人制サッカー）

声で指示を出すコーラー（右）

　ゴールキーパーは、ゴールを守りながら、フィールドにいる味方の選手に、声で守備や攻撃についての指示を出します。視覚障害のない選手、または障害の軽い選手が務めるポジションです。

　コーラーは、相手側ゴールの裏に立ち、ゴールまでの距離や方向、相手選手の位置などを声で味方に知らせます。また、PK（ペナルティキック）の場面では、ゴールポストを金属の棒でたたいて鳴らし、ゴールの位置や幅を伝えます。その音によって、選手たちは試合の状況を把握し、より正確なシュートを決めることができます。

関連キーワード｜陸上競技▶P56〜59｜5人制サッカー▶P64

パイロット（自転車）

　自転車競技の視覚障害クラスでは、2人乗りのタンデム自転車が使われます。前後のペダルは連動していて、2人で力を合わせて走ります。パイロットは、前に乗ってハンドル操作を担当します。前方をよく見て、ハンドルを切って方向を変えたり、カーブなどでは体をかたむけて車体のバランスを取ったりします。

　視覚障害のある選手は後ろに乗ります。車体に固定されたハンドルをにぎり、パイロットに合わせて体のかたむきを調整するほかは、ひたすらペダルをこぐことに集中します。このため、英語で「機関車にまきをくべる人」という意味の、ストーカー（Stoker）というよび名がついています。

競輪選手がパイロットを務めることもある

タッパー（水泳）

各国それぞれタッピングバーの種類が異なる

　水泳のレース中には、ターン（方向転換）やゴールなど、プールのかべにタッチする場面がよくあります。しかし視覚障害のある選手は、かべまでの距離が確認できません。そこで、選手がかべに近づくと、タッピングバーという棒で選手の体にふれて知らせるのがタッパーです。

　タッパーの仕事で重要なのはタイミングです。おそすぎると選手がかべに激突するおそれがありますし、早すぎると選手がかべにタッチしそこねてタイムが落ちます。日頃の練習の中で、選手にとってベストなタイミングをつかんでおく必要があります。

ガイドスキーヤー（アルペンスキー）

　ガイドスキーヤーは、選手の前を滑りながら、コース取りなどの指示を出します。スキーの技術はもちろん、斜面の変化やコース状況などを的確に選手に伝える力が求められます。

　ガイドスキーヤーと選手は滑走中に、マイクとイヤホンを使ってコミュニケーションをとります。全盲クラスの選手の場合は、声の方向がとても重要になるため、ガイドスキーヤーがこしや背中にスピーカーを装着することもあります。

　ガイドスキーヤーと選手との距離が大きく開いてしまうと、そのペアは失格になります。逆に、近づきすぎてしまうと接触して転倒する危険もあるので、ガイドスキーヤーは後ろの選手との距離をつねに確認しながら滑ります。

選手の前を滑るガイドスキーヤー（右）

関連キーワード ｜ 水泳 ▶ P53 ｜ 自転車 ▶ P63 ｜ アルペンスキー ▶ P74〜75

競技を支える人たち❷
選手・大会をバックアップする仕事

大会の裏側には、わたしたちの見えないところで活躍する人たちがいます。選手を、そして大会を支える仕事には、どんなものがあるのでしょうか。

メカニック

　車いすや義足など、パラリンピックで使われる用具の整備を担当します。競技中に不具合が生じた用具を修理したり、競技の後に故障した部分がないかを点検・修理したりするのが主な仕事です。また、競技の前には、その日の選手のコンディションや、コートやコースの状態をチェックしながら、それぞれの選手や場所に応じて、用具の細かな調整を行います。

　一人ひとりの選手に合わせた整備を行うため、選手の障害の程度や可動範囲などをだれよりも把握しています。また、次の大会に向けて、用具が体の一部としてよりうまく機能するように、日々、研究しています。

義足を調整する義肢装具士の第一人者である臼井二美男さん

監督・コーチ

　監督はチーム全体の指揮をとり、コーチは選手一人ひとりに技術的な指導をするという、大まかな役割分担があります。パラリンピックの監督・コーチには、スポーツに関する知識だけでなく、選手たちの障害に関する専門知識が必要です。また、それぞれの選手にできることとできないことを正しく把握し、適切な助言をあたえるのも大事です。

　障害者は、会場を移動したり、競技の準備や練習をしたりするときに、介助が必要な場合があります。監督・コーチとともに選手をサポートできる人員が限られているときは、監督・コーチが選手の介助を行います。また、競技によっては、監督・コーチは選手とともに競技に参加し、目や手足の代わりとなってサポートすることもあります。

選手と喜びを分かち合う

通訳

競技会場や選手村などで、世界各国から来た選手やスタッフ、観客たちが安心して活動できるように、言葉を別の言語に訳す仕事です。定められた基準以上の語学力を持った人だけが登録できます。

競技に関する通訳を行う「スポーツ通訳」は、各国の選手に付き添い、スタッフとのコミュニケーションや取材対応などのサポートをします。また、開催国の言葉を話せない選手がけがや病気をした場合に、安心して治療を受けられるようにサポートする「医療通訳」、外国語で電話をかけるときに間に入って通訳をする「電話通訳」など、さまざまなシーンで通訳が活躍します。

コラム みんなで支えるパラリンピック

◆ ボランティア

車いすを押すリオデジャネイロ大会のボランティア

ボランティアには、大きく分けて「都市ボランティア」と「大会ボランティア」があります。都市ボランティアは、観光スポットや駅などで、開催都市を訪れた外国人に、観光案内や交通案内、大会情報の案内などをします。一方、大会ボランティアは、競技会場や選手村などで、大会運営に関わる仕事を行います。主な仕事には、選手や観客の誘導、案内、通訳、警備や記録係の補助、チケットの確認、清掃作業などがあります。どの仕事も、大会の約3か月前から、本格的な研修と準備が行われます。

◆ サポーター

パラリンピックを応援し、円滑に大会が行われるようにサポートしていく人々です。日本財団パラリンピックサポートセンターでは、競技団体の基盤の整備、練習環境の整備、パラリンピックの普及活動、ボランティアの育成などをしながら、パラリンピックのサポート活動を行っています。また、日本の多くの企業もパラリンピックのサポーターに就任し、資金提供などを行いながら、大会を盛り上げます。各テレビ局は、パラリンピックの応援サポーターに有名タレントを起用し、番組やイベントを通して、大会を盛り上げます。そして会場で選手を応援する人々も重要なサポーターです。パラリンピックは多くの人に支えられて成り立っているのです。

競技をする上で欠かせない
体の動きを補助する用具

人によって異なる障害の程度や部位に合わせて、体の動きを補助するさまざまな用具が開発されてきました。その中でも競技用の用具には、日常生活用の用具とはちがった工夫がされています。

手や足の代わりとなる用具

日々、練習を重ねる選手とともに、選手を補助する車いすや義手、義足も進化しています。

車いす

陸上競技用の車いすは、スピードが出せるように、形や軽量化の工夫がされています。日常生活用の車いすとは、まったく形がちがい、車輪が3つあるのが特徴で、「レーサー」とよばれています。

車いすバスケットボール用のものは、小回りのきく軽いタイヤが「ハ」の字型についています。バスケットボールに欠かせない、すばやいターンを実現するためです。ほかにも、車いすテニス用のものは、上半身を自由に動かせるように背もたれなどはついていません。ウィルチェアーラグビー用のものは、激しいタックル（ぶつかり合い）に耐えられるよう、頑丈につくられています。

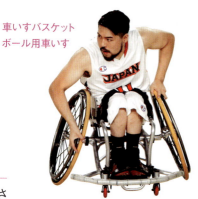
車いすバスケットボール用車いす

ウィルチェアーラグビー用車いす

義手・義足

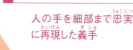
人の手を細部まで忠実に再現した義手

陸上競技用義足

日常用の義手・義足は生活のしやすさを重視しますが、競技用の義手・義足は、軽さや動きやすさなどの機能性を重視して設計されます。

たとえば、陸上競技用の義足は、板をやわらかく曲げたような形をしています。カーボンファイバー製で反発力が強く、「走る」「とぶ」といった地面をける動作に適しています。

卓球用の義足は、もう一方の足と同じ靴がはけるようにつくられています。体のバランスを保ちやすくするためです。自転車用の義手・義足は、自転車と一体化し、選手の体をしっかりと固定できるようになっています。

関連キーワード	車いすテニス ▶P54	陸上競技 ▶P56〜57	車いすバスケットボール ▶P60
	ウィルチェアーラグビー ▶P61	自転車 ▶P63	

工夫された用具

それぞれ異なる障害のある選手たちが、公平に、そしてスムーズに競技を行えるように、さまざまな用具が開発されています。

2人乗りのタンデム自転車

自転車

視覚障害のある選手は、複数の選手で乗ることができるタンデム自転車を使います。パラリンピックでは、健常者のパイロットが前に乗り、選手と2人で競技に参加します。体のバランスがとりにくい選手は、三輪の自転車を使います。下肢障害の選手は、腕の力で動かせるハンドサイクルを使います。

ランプ(勾配具)

「ボッチャ」という、ボールを目標(ジャックボール)に向かって投げる競技で使う道具です。障害によってボールを投げられない選手が、競技アシスタントの助けを借りて使います。小さな滑り台のようなつくりになっていて、ボールを乗せて転がし、ジャックボールをねらいます。ランプの角度や高さの調節は、選手が行わなければなりません。競技アシスタントは、選手の指示に従って調整することはできますが、自分の判断でランプを動かしたり、選手にアドバイスしたりすることはできません。

ランプを使ってボールを投げる

試合中にアイシェードにふれることは禁止されている

アイシェード(目かくし)

「ゴールボール」という、視覚障害者が参加する競技で使われます。全選手が視力の程度や視野の広さなどに関係なく、同じ条件で戦えるようにする道具です。アイシェードの下には、アイパッチが貼られ、徹底して視覚をさえぎります。審判は、試合前だけではなく試合中も、各選手のアイシェードの状態を厳しくチェックします。

関連キーワード | ボッチャ ▶P50 | ゴールボール ▶P51 | 自転車 ▶P63

パラリンピックを取り巻く組織

世界規模の大会を成功させるために、たくさんのスポーツ組織が活動しています。ルールをつくったり、調査を行ったりしながら、課題の改善、大会の円滑な運営に力を注いでいます。各競技も、それぞれ国際的な連盟、団体などに加盟し、発展を続けています。

オリンピック・パラリンピック競技大会組織委員会（OCOG）

大会の成功に向けて活動する
関係団体と協力しながら、大会の準備、運営を行います。

国際オリンピック委員会（IOC）

オリンピックの中心
設立：1894年　本部：ローザンヌ（スイス）
「オリンピック憲章」に沿ってオリンピックの活動を行います。「スポーツを通じて体と心をきたえ、世界に平和と友好をもたらす」ことをめざしています。

パラリンピックの中心
国際パラリンピック委員会（IPC）

障害別国際スポーツ組織（IOSD）

● **国際車いす・切断者スポーツ連盟（IWAS）**
発足：2004年（国際ストーク・マンデビル車いす競技連盟と国際身体障害者スポーツ機構が合併した）
事務局：イギリス

● **国際脳性麻痺者スポーツ・レクリエーション協会（CPISRA）**
発足：1978年　事務局：カナダ

● **国際視覚障がい者スポーツ連盟（IBSA）**
発足：1981年　事務局：ドイツ

● **国際知的障がい者スポーツ連盟（INAS）**
発足：1986年（当時は国際精神薄弱者スポーツ協会として発足）
事務局：イギリス

国際パラリンピック・スポーツ連盟（IPSF）

パラリンピック・スポーツを管理・運営する組織の総称

● **IPCがとりまとめている世界パラ・スポーツ委員会**
陸上競技、パワーリフティング、射撃、水泳、アルペンスキー、バイアスロン、クロスカントリースキー、アイススレッジホッケー、スノーボード、車いすダンス*

● **IPCが承認している障害別の国際スポーツ組織（IOSD）**
車いすフェンシング（IWAS）、ボッチャ・7人制サッカー（CPISRA）、5人制サッカー・ゴールボール・柔道（IBSA）、陸上競技、水泳、卓球（INAS）

● **IPCが承認している国際スポーツ連盟（IF）**
ボッチャ、馬術、ボート、カヌー、テニス、卓球、トライアスロン、車いすバスケットボール、ウィルチェアーラグビー、自転車、アーチェリー、カーリング、シッティングバレーボール、バドミントン、テコンドー

＊車いすダンスは冬季種目として承認されているが、実施時期は未定。

アジア・パラリンピック委員会（APC）
IPC 地域組織のひとつ
設立：2006年　事務局：UAE
アジア地域での障害者スポーツの普及につとめ、アジア・パラリンピック競技大会を主催しています。アジア地域と中東地域を合わせた全アジア地域の代表として活動しています。

設立：1989年　本部：ボン（ドイツ）
パラリンピックを運営する国際機関。パラリンピックに参加する各種国際障害者スポーツ統括団体をまとめています。世界各国の障害者スポーツの振興にも力を入れています。

スペシャルオリンピックス国際本部（SOI）
知的障害者の自立と社会参加をめざす
設立：1968年　本部：ワシントンDC（アメリカ）
170以上の国を通して、知的障害者にスポーツの場を提供しています。

スペシャルオリンピックス日本（SON）
質の高いスポーツトレーニングを提供
設立：1994年　事務局：東京
ボランティアやコーチの育成、全国大会の開催、世界大会への選手派遣を行います。

日本障がい者スポーツ協会（JPSA）
日本パラリンピック委員会を支援する
設立：1965年
日本の障害者スポーツをリードしている団体です。パラリンピックをめざす選手の育成や強化、障害者スポーツ大会の開催などを行います。

日本パラリンピック委員会（JPC）
日本障がい者スポーツ協会の内部組織
設立：1999年
長野パラリンピック冬季大会の後、各競技スポーツの分野をさらに発展させるために発足。国際競技団体に加入し、パラリンピックへの選手派遣・強化を行います。

全日本ろうあ連盟スポーツ委員会（JDSF）
全国唯一のろう者の当事者団体
大会の開催や、デフリンピックに出場する選手の派遣、ろう者スポーツを広めるための活動などを行います。

国際ろう者スポーツ委員会（ICSD）
パラリンピックよりも歴史の長いデフリンピックを主催
設立：1924年（1955年にIOCから、オリンピック同様の大会を行える国際連盟として認可された）
事務局：ローザンヌ（スイス）
聴覚障害者のスポーツや、その競技大会を統括しています。

日本パラリンピアンズ協会（PAJ）
パラリンピアンによる選手会
設立：2003年　事務局：東京
障害の有無を問わず、だれもがスポーツを楽しめる社会をめざして、パラリンピックに出場した選手と元選手が自主的に活動しています。

25

Part 2 パラリンピックの歴史

国際ストーク・マンデビル大会からパラリンピックへ

歴史を年表でみよう

パラリンピックの歴史を、年表で確認してみましょう。治療としてではなく、自分からスポーツを楽しめるようになったのは、障害者にとってとても大きな一歩でした。

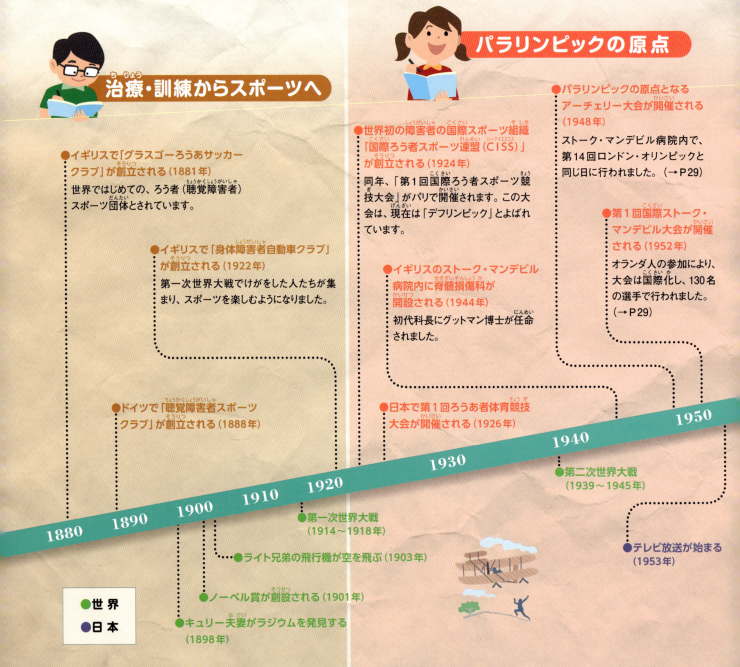

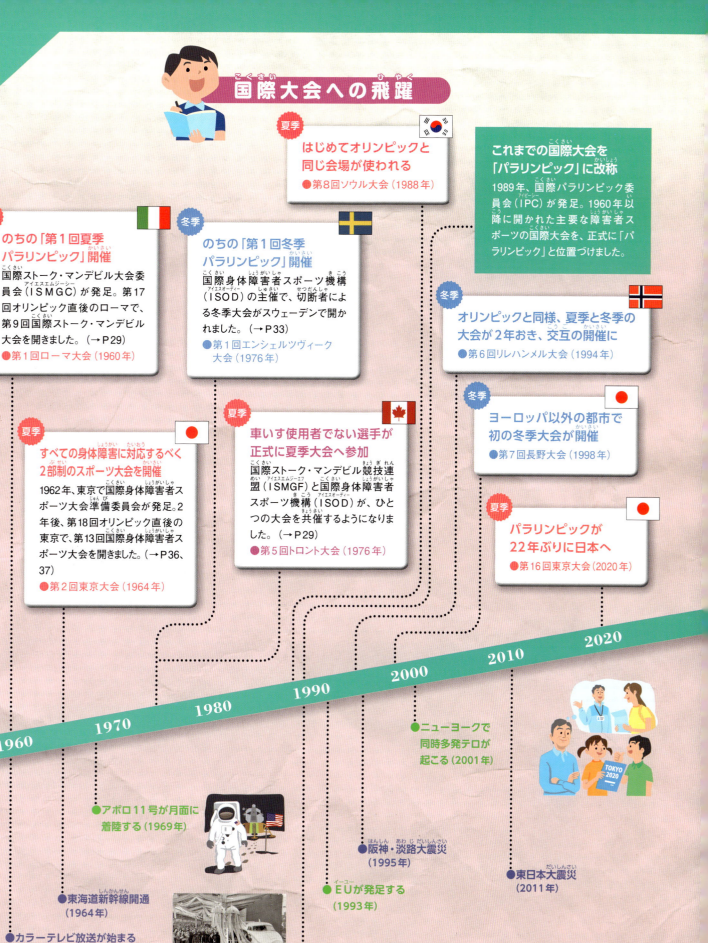

始まりはリハビリテーションから
パラリンピックの原点

第二次世界大戦で負傷した兵士の治療と社会復帰を目的に、ロンドン郊外の病院内に、ひとつの診療科がつくられました。そこで開かれた車いす使用者によるアーチェリー大会が、パラリンピックの原点といわれています。

ストーク・マンデビル病院

第二次世界大戦中のイギリスでは、戦争で脊髄（背骨の中を通る神経）を負傷し、対まひになる（両足が動かなくなる）兵士が増えつつありました。神経は骨のようにくっつくことはないので、損傷すると体がうまく動かせなくなるのです。

彼らのために、1944年、イギリスのチャーチル首相はロンドン郊外のストーク・マンデビル病院に脊髄損傷科を開設。病院の敷地内には競技場がつくられました。ここがパラリンピック発祥の地とされています。

現在もストーク・マンデビル・スタジアムとして、障害者スポーツのトレーニング拠点となっています。2012年のロンドン大会でも、この施設でたくさんの選手が最終調整を行いました。今でもこの場所は、国民からパラリンピックの聖地として大切にされています。

病院には、パラリンピックのシンボルマークのディスプレーがある

ルードウィッヒ・グットマン博士

ストーク・マンデビル病院の脊髄損傷科で初代科長を務めたのが、ルードウィッヒ・グットマン博士です。彼は患者などに対して「車いすよりもスポーツを」と説き、治療にスポーツを積極的に取り入れました。

「わたしがこれまで医療実績としてひとつやりとげたことがあるとしたら、それは障害者のリハビリテーションにスポーツを取り入れたことだろう」「失ったものを数えるな。残された機能を最大限に活かせ」などの言葉を残したとされる人で、パラリンピックの父といわれています。

ナチスによるユダヤ人迫害からイギリスに亡命していたグットマン博士

いっせいに弓を構える選手たち

アーチェリー大会

パラリンピックの原点とされているのが、1948年7月に、ストーク・マンデビル病院で開かれたアーチェリー大会です。大会を開いたグットマン博士は、参加した16人の車いす使用者に「将来この大会が、障害のある選手にとって、オリンピックと同じくらい重要な国際大会になるように」と目標を語りました。

このアーチェリー大会は、その後も毎年開催されました。そして、博士の言葉どおり、1952年にはオランダから選手が参加。第1回国際ストーク・マンデビル大会に発展しました。その後もベルギー、イタリア、フランスと参加国を増やしながら、大会は回数を重ねていきました。

国際ストーク・マンデビル大会

1960年、グットマン博士が会長となり、国際ストーク・マンデビル大会委員会（ISMGC）を設立。オリンピックが開催される年に行う国際ストーク・マンデビル大会は、オリンピックが終わったあとに、同じ都市で実施する方針を決めました。

同年、第17回オリンピックが開かれたローマで、第9回国際ストーク・マンデビル大会が行われました。この大会こそが、1989年に国際パラリンピック委員会（IPC）が設立されたとき、第1回パラリンピックと位置づけられた記念すべき大会です。このころから、「Paraplegic olympic」（対まひ者のオリンピック）という言葉が使われ始めました。

大会に際して、ローマ教皇ヨハネ23世の話を聞く選手たち

トロントリンピアード

1976年にカナダで開催されたトロントリンピアード（Torontolympiad）は、のちに第5回パラリンピックとよばれることになる大会です。国際ストーク・マンデビル競技連盟（ISMGF）と、国際身体障害者スポーツ機構（ISOD）が、はじめて一緒に運営しました。車いす使用者のみで行われていた国際大会に、切断者と視覚障害者の参加がはじめて認められ、ゴールボールが正式競技に加わりました。

また、この大会の車いすレースで優勝したデービド・キリ選手は、鉄製の病院用車いすを軽くするために、後ろ側のブレーキを切り捨てました。パラリンピックに使用される機具のなかで、技術の進化が特に進んでいる車いすですが、そのきっかけをつくった選手といえます。

関連キーワード｜ゴールボール ▶ P51

世界地図でみるパラリンピ

開会式で国旗を振る日本選手団

ック開催地

1988年のソウル大会（韓国）以降のパラリンピックは、オリンピックと同じ年に、同じ都市で開催されるのが恒例です。2020年の東京大会は、日本にとって3回目のパラリンピックとなります。

Part ②

- ● 夏季パラリンピック大会名（開催国）
- ● 冬季パラリンピック大会名（開催国）

● 第10回／2010年 バンクーバー大会（カナダ）
● 第5回／1976年 トロント大会（カナダ）
● 第8回／2002年 ソルトレークシティ大会（アメリカ）
● 第7回／1984年 ニューヨーク大会（アメリカ） ストーク・マンデビル大会と同時開催
● 第10回／1996年 アトランタ大会（アメリカ）
● 第15回／2016年 リオデジャネイロ大会（ブラジル）

ソルトレークシティ大会の日本選手団の入場行進

コラム
第7回パラリンピックが「分裂」した理由

1984年の第7回パラリンピックは、ニューヨーク（アメリカ）とストーク・マンデビル（イギリス）の2か所に分けて開催されました。ひとつの大会がふたつの国で開かれたのは、パラリンピック史上、これが最初で最後です。

当初の予定では、車いす競技をイリノイ州（アメリカ）で、それ以外（立位）の競技を近くのニューヨークで行うはずでした。しかし、イリノイ州が財政難になり、開催が難しくなってしまいました。そこで急きょ、車いす競技の発祥の地でもあるストーク・マンデビルが、車いす競技を引き受けたのです。

パラリンピック大会
開催地年表

年表をみると、パラリンピックの歴史は意外と浅いことがわかります。出場できる障害の種類を、慎重に検討しながら、大会の内容は変化してきました。

 はじめは車いすを使う対まひ者（両足が動かない人）だけが出場できる大会でしたが、対象となる障害や競技数が次第に増えていきました。

第1回 1960年 ローマ大会（イタリア）

第9回国際ストーク・マンデビル大会。はじめてオリンピックの直後に同じ都市で開かれた大会なので、1989年にIPCが設立されたとき、第1回パラリンピックと認められた。競技数はアーチェリーなど8つ。

第2回 1964年 東京大会（日本）

「パラリンピック」という名称が生まれた大会。新たにパワーリフティングが採用された。

第3回 1968年 テルアビブ大会（イスラエル）

ローンボウルズが加わり、競技数が10に達した。

第4回 1972年 ハイデルベルグ大会（西ドイツ／現在のドイツ）

43か国から984人の選手が参加した。

第5回 1976年 トロント大会（カナダ）

切断者や視覚障害者も出場できるようになった。

第6回 1980年 アーネム大会（オランダ）

対象障害がさらに広がり、脳性まひ者が出場できるようになった。同じ年のモスクワオリンピックをボイコットしたヨーロッパ諸国をふくめ、42か国から1,973人の選手が参加した。

第7回 1984年 ニューヨーク大会（アメリカ）
ストーク・マンデビル大会（イギリス）

開催予定都市だったイリノイ州（アメリカ）の財政難のため、立位の競技と車いすの競技を分けて開催（→P31）。先天性奇形など機能障害者の出場が認められ、出場選手数が2,000人をこえた。競技数も前大会から5つ増え、18になった。

第8回 1988年 ソウル大会（韓国）

「パラリンピック」が正式名称になってはじめて行われた大会で、オリンピックと同じ競技会場が使われた。車いす、義肢などを無料で修理できる工場が整備された。

第9回 1992年 バルセロナ大会（スペイン）

ソウル大会で選手数が3,057人に急増したため、きびしい参加規則が設けられ、人数が制限された。それでも、当時の史上最多参加国数となる83か国から、3,001人の選手が参加した。

第10回 1996年 アトランタ大会（アメリカ）

馬術が2大会ぶりに復活し、ウィルチェアーラグビーが加わった。

第11回 2000年 シドニー大会（オーストラリア）

水泳など4競技で、知的障害者の正式種目ができた。

第12回 2004年 アテネ大会（ギリシャ）

1988年のソウルオリンピックでメダルをとり、その後けがでパラリンピックに転向したフェンシング選手が、この大会でもメダルをとって話題になった。

第13回 2008年 北京大会（中国）

ボートが加わり、競技数が20に達した。参加国は、オリンピックと同じく、国際オリンピック委員会（IOC）から正式に財政援助を受けられるようになった。

第14回 2012年 ロンドン大会（イギリス）

164か国から4,237人が参加。2004年のアテネ大会以降中断されていた、知的障害者の参加が再び認められた。

第15回 2016年 リオデジャネイロ大会（ブラジル）

159か国から4,333人が参加。紛争などで母国をはなれた選手たちによる合同チーム「難民選手団」が、パラリンピックでもはじめて結成された。

冬季

夏季大会の歴史が車いす使用者のアーチェリー大会から始まったように、冬季大会の歴史は、切断者のスキー大会から始まりました。

第1回 1976年 エンシェルツヴィーク大会（スウェーデン）

行われた競技は、アルペンスキーとクロスカントリースキー。16か国から53人が参加した。日本は、国としては不参加だったが、個人として深沢定美選手が出場した。

第2回 1980年 ヤイロ大会（ノルウェー）

日本がはじめて選手5人、役員6人の選手団を結成した。

第3回 1984年 インスブルック大会（オーストリア）

21か国から419人が参加した。

第4回 1988年 インスブルック大会（オーストリア）

競技にバイアスロンが加わった。

第5回 1992年 アルベールビル大会（フランス）

冬季大会でははじめて、オリンピックと同じ都市で開催された。

第6回 1994年 リレハンメル大会（ノルウェー）

前大会になかったアイススレッジスピードレースが復活。新たにアイススレッジホッケーも加わった。

第7回 1998年 長野大会（日本）

31か国から、史上最多の571人が参加。はじめてヨーロッパ以外の国で開かれた冬季大会ということもあり注目度が高く、たくさんのメディアで報道された。また、日本ではじめてオリンピックとユニフォームが統一された。

第8回 2002年 ソルトレークシティ大会（アメリカ）

25万枚ものチケットが用意され、その85%を売り上げた。

第9回 2006年 トリノ大会（イタリア）

はじめて車いすカーリングが行われた。

第10回 2010年 バンクーバー大会（カナダ）

出場資格やドーピング、メディア、企業のマーケティング活動といった幅広い分野で、オリンピックと同じ規則が適用された。

第11回 2014年 ソチ大会（ロシア）

アルペン競技にスノーボードクロスが加わった。

写真とイラストで振り返る
今はなくなったパラリンピックの競技

現在、パラリンピックでは行われていない競技をいくつか紹介します。

ダーチェリー

1960年の第1回ローマ大会（イタリア）から、1980年の第6回アーネム大会（オランダ）まで実施された競技。アーチェリーのように洋弓で矢を射て、ダーツのような的をうち、合計得点を競います。矢を射るのは、1回につき1人3本と決まっていました。各国から、2人で編成されたチームが2組出場していました。

スヌーカー

「スヌーカー」は「（相手の）じゃまをする」という意味

ビリヤードの一種で、イギリス発祥のスポーツ。一般のビリヤードよりテーブルが大きく、使用する球が小さいのが特徴です。

パラリンピックでは、車いす使用者のみが対象でした。1960年の第1回ローマ大会（イタリア）以降、5大会連続で競技に採用。1980年の第6回アーネム大会（オランダ）では外れたものの、1984年の第7回ニューヨーク大会（アメリカ）、1988年の第8回ソウル大会（韓国）と、合計7回実施されました。

ローンボウルズ

芝生の上でボウルを転がして、ジャックとよばれる目標球に近づける競技です。ボウルは重心が偏っている偏心球なので、真っすぐに転がしても、大きなカーブを描きながら変則的に動きます。芝の状態をよく見ながら、ボウルがどのように転がっていくのかを予測し、いかにジャックに近いところに停止させられるかがポイントです。

パラリンピックでは、1968年の第3回テルアビブ大会（イスラエル）以降、1992年の第9回バルセロナ大会（スペイン）を除いて、1996年の第10回アトランタ大会（アメリカ）まで実施されていました。

アジアパラ競技大会では現在でも行われている。写真は2014年のもの

車いすスラローム

全長84mのコースを前進や後退を繰り返して、どれだけ早く進めるかを競う競技。コース上には赤と白の旗が立てられ、白旗がある場所は前進、赤旗がある場所は後退するというのが基本のルール。さらに2か所の障害物を乗りこえてゴールをするというタイムレースです。

車いすの操作を競う種目だったため、リハビリテーションから競技スポーツへの発展をめざす国際オリンピック委員会（IPC）の方向性になじみませんでした。競技人口が少なかったこともあり、1998年の第8回ソウル大会（韓国）を最後になくなりました。

障害物は平板形と山形の2種類

やり正確投げ

地面に描かれた直径3mの的に向かって、やりを投げる競技です。男子は的から10m、女子は7mはなれたところからやりを投げます。男女とも日本陸上連盟公認の女子選手用のやりを使っていました。上半身のバランスと腕の力が必要となる種目です。

パラリンピックで実施されたのは、1960年の第1回ローマ大会（イタリア）のみ。1964年の第2回東京大会（第13回国際身体障害者スポーツ大会第1部）では競技種目から外れましたが、すぐ後に開かれた第2部の国内大会で競技が行われました。その後は、翌年から始まった全国身体障害者スポーツ大会に引き継がれました。

写真は、今もパラリンピックの競技にある「やり投げ」。1964年の第2回東京大会（日本）に出場した、オーストリアの選手

コラム　知的障害者とパラリンピックの歩み

パラリンピックに知的障害者が参加できるようになったのは、ほかの障害がある人たちよりもずっと後の1996年のことです。知的障害者の定義は国によってちがいがあり、公平な基準で競い合うのが難しいからです。

また、健常者の不正な参加を防ぎにくいという課題もあります。2000年のシドニー大会（オーストラリア）では、バスケットボールで優勝したスペインのチームに健常者がいたことが後から発覚し、金メダルを剥奪されるという事件が起きました。これを受けて、パラリンピックでは知的障害者の参加が3大会12年にわたって中断されてしまいました。

2012年のロンドン大会（イギリス）からは、陸上競技、水泳、卓球の3競技で、再び知的障害者の参加が認められました。2020年の東京大会では、さらに多くの競技で知的障害者が参加できるようになることが期待されています。

身体能力の可能性を求めて
日本初参加への道

1926年に聴覚と言語に障害のある人を対象にした「ろうあ者体育競技大会」が開催された後、本格的に日本に「障害者スポーツ」が入ってきたのは1960年。それからわずか4年の間に、日本は国際大会に選手を送り出し、自国でパラリンピックを開催するまでになりました。

パラリンピック初参加

パラリンピック初参加への道のりは、前身であるストーク・マンデビル大会出場をめざすところから始まりました。

中村裕博士

中村裕博士は、大分県の国立別府病院で整形外科科長を務めていた人物です。彼はリハビリテーションの研究のため、1960年5月からイギリスのストーク・マンデビル病院に留学し、グットマン博士の指導を受けました。そして、障害者たちが生き生きとスポーツを楽しんでいるのを見て驚きました。当時の日本では、「病気やけがの治療には安静がいちばん」というのが常識で、障害者がスポーツに取り組むことなど考えられなかったからです。

「日本でもぜひ障害者スポーツを普及させよう」と決心した中村博士は、4年後の東京オリンピックに合わせてパラリンピックを開催することを目標に、精力的に動き始めました。

日本で最初にパラリンピックの必要性をうったえた中村裕博士

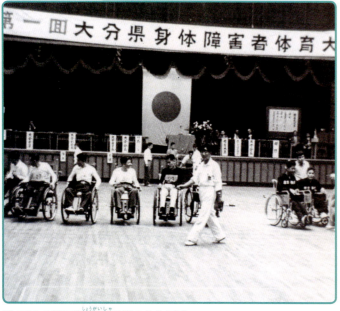

第1回大分県身体障害者体育大会のようす

国際身体障害者スポーツ大会準備委員会

中村博士は帰国後の1961年、自分の患者やまわりの人々によびかけて、大分県身体障害者体育協会を設立。同じ年の10月には、第1回大分県身体障害者体育大会を開催しました。このニュースは全国で報じられ、障害者スポーツが日本中に知られるきっかけになりました。

この流れを受けて、1962年5月に東京で結成されたのが、国際身体障害者スポーツ大会準備委員会です。話し合いでは、1964年の東京パラリンピック実現に向けて、まずは1962年の第11回国際ストーク・マンデビル大会に、日本選手を参加させることが決まりました。

国際大会への初参加

1962年7月、卓球の吉田勝也選手と伊藤工選手が、第11回国際ストーク・マンデビル大会に出場しました。ふたりは中村博士が勤めていた国立別府病院の患者です。資金がなかったため、中村博士が愛車を売ってお金をつくり、イギリスまでの旅費にあてました。中村博士の強い思いがついに通じ、日本の障害者スポーツの歴史は大きく一歩前進したのです。

障害者スポーツの国際大会に日本人が参加するのははじめてのことでした。日本ではもちろん、世界中に大きく報道されました。

祝福される吉田選手と伊藤選手

開催準備

日本人選手の活躍が話題になったことで、東京パラリンピックの開催が現実的になってきました。1963年4月、国際身体障害者スポーツ大会準備委員会は「国際身体障害者スポーツ大会運営委員会」と名前を改め、本格的な活動を開始しました。準備委員会から引き続き委員長を務めたのが、葛西嘉資氏です。葛西委員長は「日本の障害に対する考え方は、西洋よりも10年は遅れている」と語り、すべての障害者が参加できる大会をめざして調整を重ねました。

そして1963年5月、グットマン博士のもとに、東京パラリンピック開催決定の通知が届けられました。グットマン博士らによる東京視察、31か国39団体に向けた招待状の発送は翌年1964年。東京パラリンピック開催の準備は急速に進められていったのです。

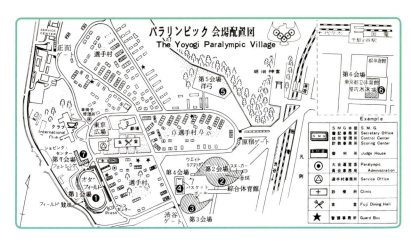

当時の会場配置図（左）と、実際の選手がモデルとなったポスター（右）

コラム　1964年「東京パラリンピック」がかかげた理想

「東京パラリンピック」という名前は通称で、正式名称は「第13回国際身体障害者スポーツ大会」といいます。大会は2部制で、第1部が車いす使用者を対象とした国際大会。第2部は西ドイツの選手を招き、視覚障害や脊髄損傷、切断などの障害者を対象とした国内大会でした。国際パラリンピック委員会（IPC）から正式にパラリンピックとして認められているのは、このうち第1部のほうです。

パラリンピックの出発点は、車いす使用者だけが参加できる国際大会でした。中村博士や葛西委員長には、これをすべての身体障害者が参加できる大会に変えたいという思いがありました。しかし、さまざまな障害について国際的なルールや基準を定めるまでには至らなかったため、車いす使用者以外の競技は第2部として開催したのです。この第2部が、その後の大会の参加対象となる障害を広げていくきっかけになりました。

1964年東京パラリンピック
障害者が活躍できる場所へ

1964年の東京パラリンピックは、第1部が11月8日から12日、第2部が13日・14日の、計7日間で開催されました。どんな大会だったのか、振り返ってみましょう。

1964年東京パラリンピック

日本選手団がパラリンピックに参加したのは、東京大会がはじめてです。53人の選手が出場し、卓球男子ダブルスでは金メダルを獲得しました。

開会式

1964年11月8日、東京・代々木の選手村織田フィールドで開会式が行われました。開会式には、主賓として、当時の皇太子明仁親王と皇太子妃美智子さまが出席。開会式の観客は招待客のみで、一般人は入場できませんでした。

その後5日間にわたって、21か国378名の選手が、陸上、水泳など、9競技に参加しました。「パラリンピック」という名称が使われるようになったのは、この東京大会からです。

選手宣誓する青野繁夫選手

資金難を救った「善意」

東京パラリンピックの開催に必要とされた資金は約9,000万円。国費2,000万円、東京都の1,000万円などがあてられましたが、開催間近の9月になってもまだまだ資金が足りていませんでした。このことが新聞で報じられると、民間からたくさんのお金が送られてきました。たとえば日本バーテンダー協会は、全国の店頭に「善意の箱」という募金箱を置き、300万円以上の募金を集めました。また、芸能人たちはチャリティーコンサートやサイン会を開きました。全国の人々からの寄付金もあり、資金難は無事に解決しました。

また、自動車協会が車いす対応のバス9台を提供したり、群馬県の青少年が選手たちに縁起物のダルマをおくったりと、お金以外の面でも多くの協力がなされました。

赤十字語学奉仕団

日本赤十字社に所属する200人近くの大学生を中心に結成された、通訳ボランティア団体です。学生がみずから友人たちによびかけ、英語やドイツ語など各国の言葉ができる人材を集めました。そして、自主的に会話の練習を重ねながら、障害者施設を見学したり、競技やリハビリテーションについて学んだりと、さまざまな訓練を積みました。

大会本番では、空港からの道案内、選手村の食堂や診療所での補助、競技場でのアナウンスなど、それぞれの役割に分かれて世界各国の選手に対応しました。

現在も同じ名前で、外国語の能力を活かしたボランティア活動を続けています。

羽田空港で活動する赤十字語学奉仕団

遠征費

選手にとって一番大きな出費は、遠征費です。国際的な大会に数多く出場する選手ほど、旅費が高額になってしまいます。日本でも、選手は資金集めに必死になっていました。

そんな中、イギリス政府は、1964年の東京大会で、はじめて自国のパラリンピック選手に遠征費を援助しました。パラリンピックの選手とオリンピックの選手を、国が分けへだてなく支援するのは、当時としては画期的な試みで、世界の注目を集めました。

コラム　病院からパラリンピック会場へ？　選手たちの今と昔

1964年の東京パラリンピック当時、日本の選手の中で、社会人として働いている人はほとんどいませんでした。入院患者が選手として、練習を十分に行わないまま、病院から大会へ参加したのです。

そんな日本選手と比べると、海外選手はさまざまな点がちがいました。まず、仕事や家庭を持ち、自立した生活を送っている人が多くいました。また、選手本人の体格がよく、使っている車いすの性能も優れたものでした。競技としてのスポーツに打ちこめる環境が整っていたのです。

東京パラリンピックでそんな選手たちの姿が知られるようになったのを機に、日本の障害者に対する意識は変化し、障害者を積極的に受け入れる場所が増えていきました。中村博士が創設した「太陽の家」も、障害者が活躍できる場所としてつくられた施設のひとつです。「保護より機会を！」をモットーに、障害者たちに働く場を提供しています。施設内には体育館やトレーニング室、プールなどがあり、スポーツへの取り組みも盛んです。

また最近では、障害者スポーツの選手に対し、競技活動に専念できる「アスリート雇用契約」を結ぶ企業が増えています。日本の障害者スポーツは、たくさんの人や企業に支えられて、今まさに発展しているところなのです。

障害者雇用企業を視察される天皇、皇后両陛下

part 3 2020年 東京パラリ

大会のさらなる発展をめざして
56年ぶりにパラリンピックが東京へ

招致委員会の記者会見で笑顔を見せる選手たち

招致活動

　「招致」とは、自分の国や都市の魅力を世界にアピールし、オリンピック・パラリンピックの開催地に選ばれるように働きかけることです。日本でも、招致委員会のメンバー、そして大勢のオリンピアンやパラリンピアンが、招致のために力を合わせました。その努力が実り、2020年の東京大会開催が決定したのです。

　日本パラリンピック委員会（JPC）は、東京大会の成功のカギはパラリンピックにあるとして、「すべての競技会場を観客で満員にする」という目標をかかげました。観客を集めるには、たくさんの人にパラリンピックのことを知ってもらい、障害者スポーツを身近に感じてもらう必要があります。そのために、東京都はさまざまな取り組みをしています。障害者と参加できるイベントや講演会の企画、小中学校での障害者スポーツ選手との交流会、テレビCMの制作……。より多くの人が障害者スポーツにふれる機会を持てるように、工夫を重ねているのです。

ンピック

2020年の夏、オリンピックとパラリンピックが東京で開催されます。夏季パラリンピックを2回以上開催する都市は、東京がはじめてです。東京大会が過去最高の盛り上がりになるよう、着々と準備が進められています。

パラリンピック教育

1964年に東京大会が開かれたとき、日本全国の小中学校や高校で「オリンピック教育」が行われました。オリンピックの歴史や、世界の国々と交流することの大切さ、日本が戦争を乗りこえてオリンピックを開催するまでの道のりなどを、子どもたちに教えたのです。このようにオリンピックの意義を学校で学ぶのは、当時としてはとても新しい取り組みでした。日本で生まれた「オリンピック教育」は、その後、ほかの国にも取り入れられていきました。

2020年の東京大会開催にあたり、オリンピック教育と同じように重要になってくるのが「パラリンピック教育」です。パラリンピックの意義を学ぶと、障害への理解が深まるだけでなく、周囲の人を思いやる心、自分の可能性を信じて挑戦する勇気、夢や目標を持つことの大切さなどを知ることができます。

日本がどのような「パラリンピック教育」を進めていくのか、再び世界の注目が集まっています。

パラリンピック競技の体験教室で、車いすを体験する小学生

コラム 日本で生まれ、世界に知られたもの

2016年のリオデジャネイロ大会（ブラジル）で使われていた、斬新なデザインが目を引く卓球台。実は、日本で生まれたものでした。全体のデザインは、曲線をたくみに使って日本らしさを出しつつ、むだな部分をそぎ落とし、選手たちが競技に集中できるよう工夫されています。また脚の部分には、2011年に起きた東日本大震災の被災地の木材が使われています。この卓球台の色は、ブラジルの森林や、震災から復興する東日本の「芽生え」のイメージを重ねた緑と青の中間色で、ボールが見やすい色になっています。卓球台には、ブラジルと日本のきずな、日本の技術、そして東日本の復興へのいのりがこめられていたのです。

「Infinity（無限大）」と名づけられた卓球台

2020年に向けた東京パラリンピックへの取り組み

2020年に開催される東京パラリンピック。この大会を通じて、みんなが暮らしやすい都市を実現するために、さまざまな取り組みが行われています。

コンセプト

東京オリンピック・パラリンピックがめざすのは、スポーツを通じて世界と未来を変えることです。そのために、「すべての人が自己ベストを目指し（全員が自己ベスト）」「一人ひとりが互いを認め合い（多様性と調和）」「そして、未来につなげよう（未来への継承）」という3つの基本コンセプトを定めて行動しています。

参加者意識

パラリンピックへの参加者意識とは、自分も大会をつくる一員なのだという自覚を持つことです。出場する選手だけでなく、運営スタッフやボランティアをふくめたすべての人が参加者意識を持って、それぞれの力を最大限に活かしていくこと。これが、コンセプトにある「全員が自己ベスト」の具体的な目標です。

東京オリンピック・パラリンピック競技大会組織委員会は、国民全体の参加者意識を高めるために、「東京2020参画プログラム」として、2016年から全国で関連イベントを開催しています。各イベントに企業や大学、地域団体が積極的に関わり、みんなでオリンピック・パラリンピックを盛り上げていこうという意識を育てます。

共生社会

さまざまなちがいを持つ人同士が支え合って生きていける社会を、共生社会といいます。障害の有無、世代、国籍といった「多様性」を受け入れ、「調和」させる場であるパラリンピックは、共生社会のあるべき姿を示してくれます。

1964年の第2回東京大会は、障害者スポーツが発展するきっかけとなりました。2020年の第16回東京大会は、共生社会を実現するきっかけになることが期待されています。

アクション&レガシー

英語で、アクションは「行動」、レガシーは「遺産」という意味です。パラリンピックを成功させるために行動し、その結果できたものやよくなったことを、しっかり次の世代に引き継いでいくこと（未来への継承）が大切です。

2016年の夏に、東京オリンピック・パラリンピック競技大会組織委員会は、「アクション&レガシープラン2016」を発表しました。これは、東京パラリンピックにひとりでも多くの人が参画し、大会の成果を未来に残すための計画です。「スポーツ・健康」「街づくり・持続可能性」「文化・教育」「経済・テクノロジー」「復興・オールジャパン・世界への発信」が5つの柱とされています。中でも「街づくり」では、障害者や高齢者が暮らしやすくなるバリアフリー化が進められています。

コラム　だれもが住みやすい都市の実現のために

❖ **多目的トイレが必要な人のことを考える**

多目的トイレにはたくさんの機能があり、車いす利用者だけでなく、高齢者や子ども連れにとっても貴重な場所です。広いからといってやたらに入ったり、長居したりせず、本当に必要な人がすぐ使えるようにしましょう。

❖ **障害者用駐車スペースに車を停めない**

駐車場の障害者用駐車スペースは、障害のある人が、安全に、安心して利用できる場所です。もし家族の人が、ただ「空いているから」という理由で駐車しようとしていたら、困る人がいないか一緒に考えてみましょう。

❖ **点字ブロックに物を置かない**

視覚障害がある人にとって、点字ブロックは命綱です。点字ブロックの突起を足裏で確かめることで、進行方向や自分の状況を知り、安全に歩けるのです。点字ブロックの上に自転車や荷物が置かれていると、衝突したりつえが折れたりしてしまうことがあります。

今すぐにできることばかりだね！

> コラム

パラリンピアンにアンケート　競技環境の今と

日本パラリンピアンズ協会（PAJ）が、2016年に行った「第3回パラリンピック選手の競技環境調査」。リオデジャネイロ大会とソチ大会の日本代表選手やコーチ・スタッフを対象に、選手たちが負担する費用やスポーツ施設などの競技環境、2020年の東京大会への期待、障害者スポーツの発展に必要だと感じることなどを調査しています。

❖ 費用負担は変わらないものの、2020年の東京大会への期待も

　この調査では、パラリンピアン本人が負担している費用は、一人当たりの年間平均が約147万円であることがわかりました。特に冬季競技選手の年間平均は約250万円にもなります。夏季競技選手の費用負担の多くは国際大会への参加のための遠征費ですが、冬季の選手はこれに加えて、道具や器具等の購入費が高額です。そのため、仕事を持っていたり、ウェアや用具のスポンサー契約を結んだりしている選手が約7割をしめている状況なのです。

　また「施設にキズがつくから」などの理由で、スポーツ施設の利用を断られた経験のあるパラリンピアンが、約2割もいることもわかりました。このほか、コーチや指導者の不足を感じている選手もたくさんいます。

　2020年に東京大会が開催されることで、パラリンピックや障害者に対する理解が深まること、障害者スポーツの活性化などに期待する声も多くなっています。

Q　障害者スポーツの発展のために必要なことは？

　アンケートでは、「パラリンピアンが普段から感じている障害者の競技スポーツ発展のために重要なことは何か？」の質問に対して、施設の充実や、障害のある・ないに関係なく参加できる大会を希望する声が多数あがっています。

日本国内で国際大会を積極的に開いてほしいですね。

障害がある人、ない人、関係なく参加できるスポーツを増やして、同じ大会に出てみたい。

東京大会への期待

Q 2020年東京パラリンピックで期待することは？

2020年の東京大会開催に向けて、パラリンピアンたちが期待することも調査されています。ここでは、回答が多く集まった上位10項目を紹介します。

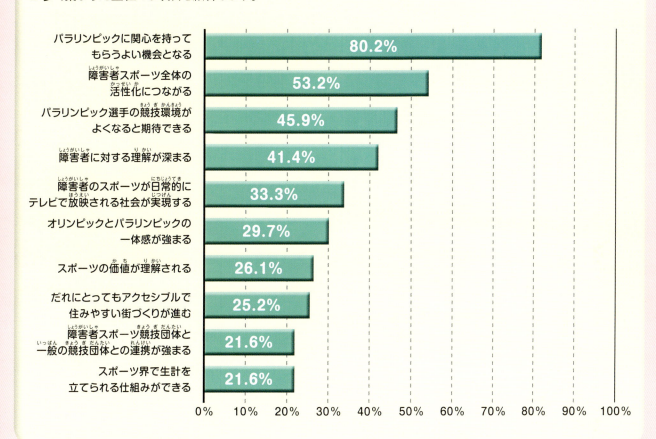

項目	割合
パラリンピックに関心を持ってもらうよい機会となる	80.2%
障害者スポーツ全体の活性化につながる	53.2%
パラリンピック選手の競技環境がよくなると期待できる	45.9%
障害者に対する理解が深まる	41.4%
障害者のスポーツが日常的にテレビで放映される社会が実現する	33.3%
オリンピックとパラリンピックの一体感が強まる	29.7%
スポーツの価値が理解される	26.1%
だれにとってもアクセシブルで住みやすい街づくりが進む	25.2%
障害者スポーツ競技団体と一般の競技団体との連携が強まる	21.6%
スポーツ界で生計を立てられる仕組みができる	21.6%

若い選手を育てるためにも、障害の知識や理解のある指導者が増えてほしいです。

障害者が利用できる練習施設が足りません。いろいろな場所につくってほしい。

出典：日本パラリンピアンズ協会「第3回 パラリンピック選手の競技環境調査」より

Part 3

パラリンピックだけではない！
さまざまな障害者スポーツ大会

パラリンピック以外にも、障害者スポーツの大会はたくさんあります。障害者がスポーツで成果を発揮できる場は、国内外で広がっています。

スペシャルオリンピックス

知的障害者を対象にした競技大会。1968年に、ケネディ元アメリカ大統領の妹、ユニス・シュライバーさんが、「知的障害のある人たちにもスポーツを楽しむ機会を持ってほしい」という願いで設立しました。さまざまなスポーツトレーニングの場と、その発表の場である競技会を提供しています。

選手たちはまず、2か月ほどトレーニングをして、週に1度の割合でボランティアのコーチとスポーツを楽しみます。水泳なら、着替えやシャワーを浴びることから始め、じょじょに水に慣れていけるように、一人ひとりに合わせたプログラムをつくります。

競技会では、できる限り同じレベルの選手同士で競えるようにディビジョニング（クラス分け）を行います。成績上位選手だけでなく、最後まで競技をやり終えた選手をたたえるため、全員にメダルやリボンがおくられます。

聖火はオリンピックと同じ場所で採火される

デフリンピック

4年に1度、世界規模で行われる聴覚障害者のためのスポーツ大会。夏季大会は1924年にフランスで、冬季大会は1949年のオーストリアではじめて開催されました。

参加条件は、補聴器をはずした状態で耳が聴こえないこと（聴力損失55デシベル超）と、ろう者スポーツ協会に登録していること。会場内での補聴器の装着は禁止されていて、参加者は、国際手話という、国際交流の場で使える手話を用いて親睦を深めます。競技は、スタートや審判の合図が目で見てわかるように工夫されていること以外は、パラリンピックと同じルールで運営されます。

「OK」「GOOD」「GREAT」を手で示すイメージからつくられたロゴマーク

アジアパラ競技大会

2010年からスタートしたアジア地域の障害者総合スポーツ大会。1975年から開催されてきた、フェスピック競技大会（旧極東・南太平洋身体障害者スポーツ大会）の実績を引き継いでいます。4年に1度、アジアパラリンピック委員会（APC）の主催で開かれています。パラリンピックの正式競技のうちアジア地域で盛んなものや、フェスピック競技大会で実施されてきたものから、競技が決定されます。

2010年、広州アジアパラ競技大会（中国）の閉会式

開会式では巨大な文字を書くパフォーマンスが行われた

全国障害者スポーツ大会

身体・知的・精神の障害がある人々が一体となって行うスポーツの全国大会。以前は別々に開催されていた「全国身体障害者スポーツ大会」と「全国知的障害者スポーツ大会」が統合されて、2001年に宮城県で第1回大会が開かれました。毎年、国民体育大会終了後に、同じ地域で開催されています。パラリンピックなどの競技スポーツとはちがい、障害者の社会参加を後押しし、障害への理解を深めることが目的です。

ジャパンパラ競技大会

日本障がい者スポーツ協会が、各競技団体と共催する、国内最高峰の障害者スポーツ大会。日本選手の競技力向上と、記録の公認が主な目的です。海外の選手やチームが出場することもあります。陸上競技、水泳、ゴールボール、ウィルチェアーラグビー、アルペンスキーなどがあります。

スピード感あふれるレース

INASグローバル競技大会

知的障害者のスポーツをまとめている、国際知的障害者スポーツ連盟（INAS）が運営する競技大会です。2015年のエクアドル大会では、日本は陸上競技、水泳、卓球、ローイング（ボート）、フットサル、バスケットボールの6競技に参加しました。次回は2019年に、オーストラリアのブリスベンで開催される予定です。

IBSA世界選手権大会

視覚障害者のスポーツをまとめている、国際視覚障害者スポーツ連盟（IBSA）が運営する競技大会です。2015年のソウル大会では、日本は陸上競技、5人制サッカー、柔道、パワーリフティング、ゴールボールの5競技に参加しました。ほかにも水泳や、テンピンボウリング（ボウリング）などの競技が行われています。

コラム

もっと競技がおもしろくなる！
選手たちのさまざまな取り組み

体温調節 冷たい水で体を冷やして体温を調節

❖ 競泳　**成田真由美** 選手

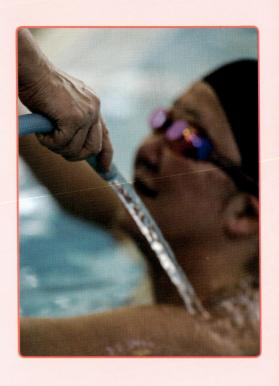

　成田選手は、パラリンピック5大会に出場し、15個も金メダルをとった競泳のトップアスリートです。中学生のときに発症した脊髄炎の影響で下半身まひになり、さらに、交通事故による脊椎損傷の後遺症で、手指のまひというハンディキャップも負っています。

　日々の練習では、腕の力だけで3〜4km泳ぎます。しかし、障害の影響で皮膚の感覚がまひしており、体温の調節もうまくできないので、激しい練習中や体温が上がりやすい夏は、ホースから冷水を浴びて体を冷やすようにしています。

バランス感覚 前輪を浮かせてバランス感覚を養う

❖ 陸上競技トラック・短距離走（車いす）　**永尾嘉章** 選手

　陸上競技（下肢障害）の車いすで、短距離走選手としてパラリンピック7大会に出場している永尾選手。5歳のころにポリオ（小児まひ）を発症したことが原因で、両足がまひし、車いすの生活になりました。

　永尾選手が使用する車いす「レーサー」は、重さ約30kg。タイヤについている「ハンドリム」をたたくように手で回しながら、時速50kmほどのスピードで競い合います。激しいレースを勝ち抜くためには、バランス感覚がとても重要になります。そのため、前輪を浮かせたまま、両腕を上下左右に動かし、バランスを整えるウォーミングアップをしています。

パラリンピアンのウォーミングアップや練習方法は、障害の程度や競技の種類によって大きくちがいます。体温調整、きたえる部位、気をつけていることなど、日々のトレーニングを紹介します。

筋力トレーニング

体の大きな選手と戦うための厳しい筋力トレーニング

❖ パラカヌー　瀬立モニカ 選手

　瀬立選手は、高校生のときに体育の授業で転倒し、脳と胸椎を損傷したことで「体幹機能障害」という重度の障害になり、下半身のコントロールができなくなりました。カヌーの障害クラスの中でも、最も障害の重いクラスに属しています。

　足腰の力が使えず、体をひねることもできないので、上半身の力だけでカヌーをこがなければいけません。腕や肩の筋肉をつけるため、厳しい筋力トレーニングを日々行います。体の大きな海外選手と戦うためにも、筋力トレーニングが欠かせないといいます。

ワクシング

よく滑るスキー板を毎日の作業でつくり上げる

❖ アルペンスキー　狩野 亮 選手

　100分の1秒を競うアルペンスキーでは、選手自身の技術や運動能力だけでなく、使う用具も大切です。狩野選手のような座位カテゴリーの選手は、チェアスキーのシートや、ショックアブソーバーとよばれる足の代わりに動くバネの調整に、とても時間をかけます。

　また、スキー板についているエッジという金属の調整や、雪質に合うワックスを滑走面にぬることも、日々の大切な作業です。スキー板がしっかりと雪面をとらえられるか、そしてよく滑るかどうかは、タイムに大きく影響するのです。

　選手たちは、トレーニングやレースを終えた後に必ず、スキー板の手入れをする時間をつくります。サービスマンやワックスマンとよばれる専門の人に預けることもあれば、選手自身が行うこともあります。

　自分が使う用具を大切にあつかうことは、強い選手の条件といえます。

資料提供：越智貴雄／カンパラプレス　堀切 功

Part 4 パラリンピックの競技

対象障害については、12〜13ページも読んでみましょう。

夏季パラリンピック

ボッチャ

球を投げて、白い目標球（ジャックボール）にどれだけ近づけられるかを競う。

対象障害　重度脳性まひ、同程度の四肢障害

ジャックボールとよばれる白い目標球に向かって、赤と青のボールをたがいに投げたり転がしたりして近づける競技。手で投げられない選手は足でけったり、「ランプ」とよばれる滑り台のような道具を使って転がしたりする。ランプの高さや方向を調整するときは、競技アシスタントが補助してもよいが、選手にアドバイスしたり、コートのほうを向いたりすることは禁止されている。

目標球の位置は先攻側の選手が投げて決める。最初の投球以降は、目標球から遠いほうの選手が投球を行う。1人6球を投げ終えたときに、目標球の近くにあるボールを投げた選手に得点が入る。これを4〜6回繰り返し、総得点が多いほうが勝ちとなる。

● 種目

男女混合
個人戦
ペア戦〈2人対2人〉
チーム戦〈3人対3人〉

車いすを操作できるかや、自力で投球できるかどうかなど、障害の種類と程度によって4つのクラスに分かれている

関連キーワード｜ランプ ▶ P23

※紹介している情報は、2017年1月現在のものです。

を知ろう

世界一をめざして限界まで挑戦する姿は、障害の有無に関わらず、迫力があり感動的です。「失ったものを数えるな。残された機能を最大限に活かせ」というグットマン博士の信念を、それぞれの競技から感じることができます。

ゴールボール

鈴が入ったボールを転がして、相手のゴールをねらう。

対象障害 視覚障害

パラリンピック独自の競技で、視覚障害者のリハビリテーションのプログラムから生まれた。1チーム3人で、コートと同じ幅（9m）のゴールを背にして向き合い、鈴が入ったボールを交互に投げてゴール数を競う。選手は全員、アイシェード（目かくし）をつけてプレーする。攻撃側は相手ゴールに向かって投球し、守備側は相手選手の足音や鈴の音をたよりに、全身を使ってゴールを守る。攻守は1投ごとに入れ替わる。コートのラインはテープで引かれていて、その下には細いひもが張られている。選手はそれをさわることで自分の位置を確認することができる。音をたよりにプレーするので、観客は声を出して応援することができず、静かな中で攻防が繰り広げられる。

審判が「Quiet Please!」（お静かに）のコールをしたら、静かに見守るのが観戦ルールだよ！

アイシェードを着けてプレーするため、視力の程度に関係なくプレーできる

関連キーワード｜アイシェード ▶ P23

51

水泳

障害に合わせて泳ぎ方を工夫して競う。

対象障害 肢体不自由、視覚障害、知的障害

肢体不自由・知的障害のクラス

可能な限り一般の水泳競技規則に準じて行われる。障害のためにやむを得ない場合にのみ、一部のルールを変更する。障害の種類によって大きなちがいがでるのがスタート。水中からだったり、飛びこみ台の上でコーチに支えてもらったり、ひもなどの用具で体を支えたりとさまざまな方法がとられる。また、ゴールするときも、障害によっては頭でかべにタッチすることが認められている。

●種目

男女共通
自由形（50m、100m、200m、400m）
背泳ぎ（50m、100m）
平泳ぎ（50m、100m）
バタフライ（50m、100m）
個人メドレー（150m、200m）
メドレーリレー（4人×100m）
フリーリレー 男女別（4人×100m）、男女混合（4人×50m）

肢体不自由のクラスは、どの程度、運動機能が使えるかによって、10クラスに分けられる。知的障害のクラスは1つ。そのほか軽い肢体不自由と視覚障害が統合されたクラスが1つある

関連キーワード｜水泳のクラス分け ▶ P14

※紹介している情報は、2017年1月現在のものです。

視覚障害のクラスは、程度によって3つに分けられている。最も障害の重いクラスの選手は、公平にレースを行うため、光を完全に遮断した黒いゴーグルを使用する

視覚障害のクラス

視覚障害のクラスには「タッピング」という合図がある。選手にターンやゴールをするかべがせまっていることを知らせるために、コーチ（タッパー）が「タッピングバー」とよばれる棒で選手の体にタッチする。タッピングが早いとロスが生じてタイムを落とし、遅れるとかべにぶつかってしまうので、コーチとの連携は、勝敗、安全面でとても重要となる。

また、レース中、選手がとなりのコースに入ってしまったとしても、ほかの選手の妨害にならなければ、そのままゴールすることが許されている。

関連キーワード｜タッパー ▶ P19

タッピングバーは、国によってさまざまな長さや形のものが使われていて、それぞれ工夫されているよ。日本で使用されているのは、釣りざおの先にスポンジをつけたものが多いそうよ。

車いすテニス

競技用の車いすをあやつってプレーするテニス。

対象障害	肢体不自由

下肢不自由者クラス

車いすテニスは、ツーバウンド以内の返球が認められていること以外は、一般のテニスとほぼ同じルール。3セット制で、2セット先取したほうが勝利となる。コートの中をすばやく動き回るため、車いすは競技用のもので、タイヤはハの字型、前後に小さな車輪がある。上半身を動かしやすいように背もたれはほとんどない。

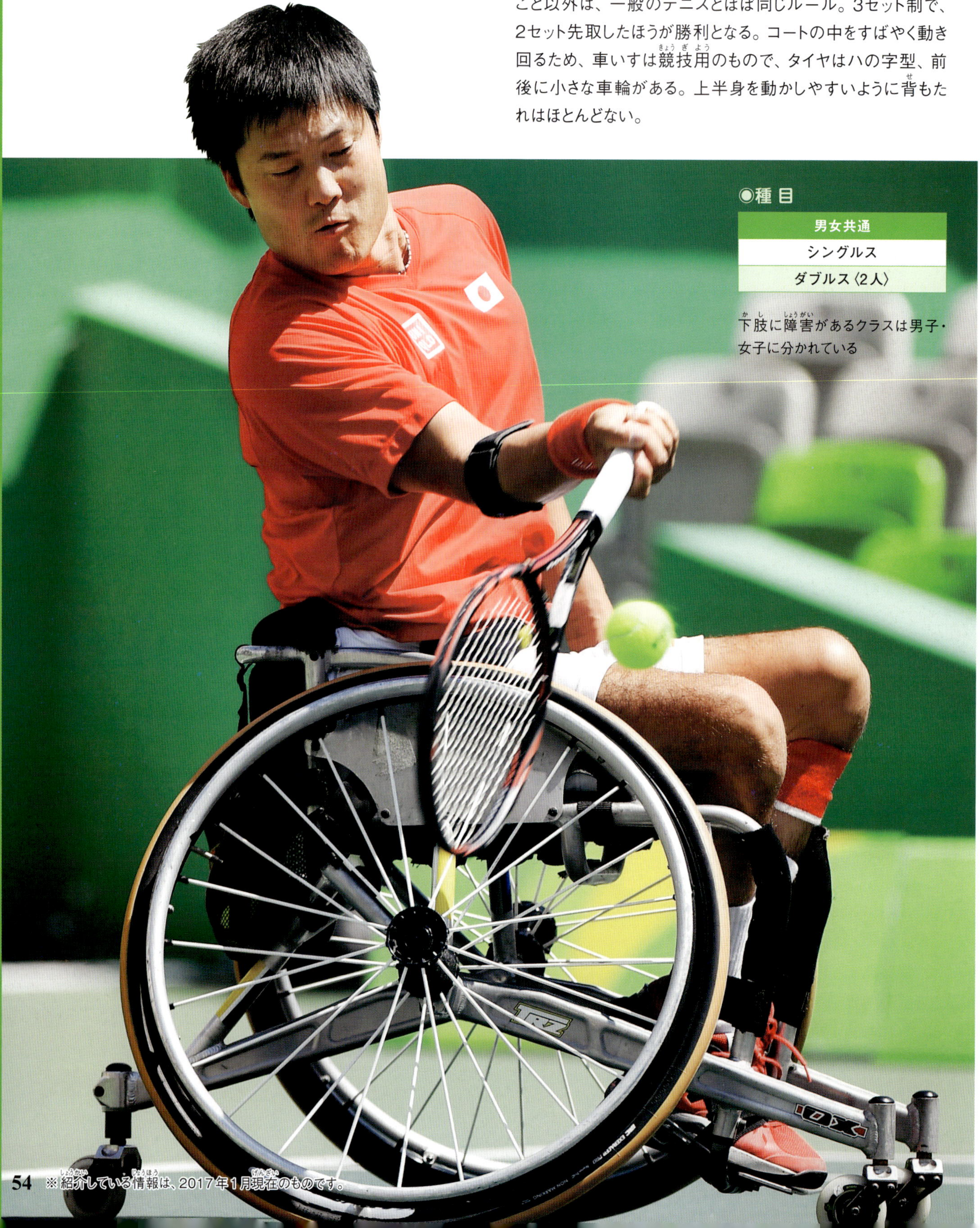

◉種目

男女共通
シングルス
ダブルス〈2人〉

下肢に障害があるクラスは男子・女子に分かれている

※紹介している情報は、2017年1月現在のものです。

クァードクラス

下肢だけでなく、上肢にもまひなどの重い障害がある選手のクラス。クァードクラスのシングルスとダブルスは、2004年のアテネ大会（ギリシャ）から正式種目となった。ラケットをしっかりにぎれない選手の場合は、テーピングで手とラケットを固定することが認められている。また、通常のサーブを打つことが困難な選手はワンバウンドさせたボールを打ったり、ほかの人がトスをあげたりしてもよい。足でボールをけりあげて打球する選手もいる。

● 種目

男女混合
シングルス
ダブルス〈2人〉

障害によって体温調節ができない選手は、工夫して体をクールダウンさせるんだって。試合中には水分補給だけでなく、きりふきで顔や体に水をふきかけて冷やすそうだよ。

クァードクラスはクラス分けはなく、男女混合でプレーする

陸上競技

「走る」「とぶ」「投げる」などの基本的な動作で、記録に挑戦する競技。障害によってできないことや、今ある障害が悪化しそうな場合は、一部ルールを変更したり、特殊な用具を使ったりして、競技を行う。パラリンピックでは障害の種類や程度によって32のクラスに分かれている。

マラソン

対象障害 視覚障害、切断・機能障害

一般と同じく、42.195kmを走るレース。単純なルールの中にも、ほかの選手との駆け引きがあり、レース展開が勝敗のカギになる。

視覚障害のレース

目の見えない選手が安全に競技にのぞめるように、「ガイドランナー」という伴走者が選手と一緒に走る。マラソンのガイドランナーは2人まで交代が許されている。

ガイドランナーより選手のほうが先にゴールしなければならない

切断・機能障害のレース

体の一部を切断していたり、運動機能に障害があったりする選手が出場する。パラリンピックでは、上肢障害のクラスのみが行われる。

関連キーワード｜ガイドランナー ▶P18

※紹介している情報は、2017年1月現在のものです。

競技用車いす「レーサー」

「レーサー」は、直径70cm以内の大きな2つの後輪が特徴で、フレームは軽くて丈夫なアルミニウムやチタンでつくられている。障害によってすわり方が異なり、比較的障害の軽い選手は正座のような姿勢を取り、自力で体を起こせない選手は足を前にして、体育ずわりのような姿勢を取る。正座姿勢のほうが前傾になりやすく、空気抵抗を減らしやすいというメリットがある。

車輪を回すためのハンドリムを手でこいで前に進み、前方のレバーでタイヤの向きを変え、カーブを曲がる

車いすのレース

選手は「レーサー」とよばれる競技用の車いすを使用してレースに出場する。下り坂では時速50km以上のスピードが出ることもある。

クラスは細かく分けられているが、マラソンでは障害の程度に関わらず「視覚障害」「切断・機能障害」「車いす」の3つにクラスを統合してレースが行われる

トラック

対象障害 視覚障害、知的障害、脳性まひ、切断・機能障害

選手は決められた長さをいっせいに走り、ゴールまでのタイムを競う。種目は距離によって分かれており、さらに障害の種類によって、「視覚障害」「知的障害」「脳性まひ」「切断・機能障害」のクラスに分けられる。車いすのレースも多くの種目で行われる。基本的なルールは一般のものと同じだが、障害に応じてルールの変更や、義手や義足の装着が認められている。

短距離走（100m、200m、400m）

かがんだ姿勢のクラウチングスタートで行われる。腕を切断した選手は、義手を装着したり、用具で腕を支えたりしてスタートを切る。

中距離走（800m、1,500m）
長距離走（5,000m）

立った姿勢のスタンディングスタートで行われる。マラソン同様にガイドランナーがつく場合もある。5,000mでは1人までガイドランナーの交代が認められている。

リレー（4人×100m、4人×400m）

4人の選手がバトンをつなぎながら走る。スムーズなバトンわたしが勝負のカギになる。切断・機能障害の選手のリレーでは、バトンの代わりに手をタッチすることで次の選手がスタートする。

各種目、分けられたクラスごとに競技を行う。リレーは障害の程度に関わらず、統合され、4人×100mは視覚障害、切断・機能障害のレースが行われ、4人×400mは車いすのレースが行われる

※紹介している情報は、2017年1月現在のものです。

各種目、分けられたクラスごとに競技を行う。車いすを使う選手は投てき競技のみ行い、専用の投てき台を使用する

フィールド

対象障害 視覚障害、知的障害、脳性まひ、切断・機能障害

トラックの内側や外側で行われる。飛んだ距離や高さを競う「跳躍」、物を投げて飛距離を競う「投てき」など、広い面積が必要な種目が行われる。視覚障害の一部の種目では、「コーラー」とよばれる人が声をかけることで、投げたり走ったりする方向などを教えてサポートする。

投てき

投てき競技は、車いすの選手の場合「投てき台」とよばれるベルトつきの台に体を固定して投げることが認められている。

円盤投げ
金属のふちがついた木製の円盤を、体をねじるようにして回転しながら投げて、飛距離を競う。

やり投げ
先端が金属製のやりを投げて、飛距離を競う。

こん棒投げ
握力の低下した人でも持ちやすい、「こん棒」とよばれる長さ約40cm、重さ397gの棒状の用具を投げて飛距離を競う。

砲丸投げ
金属製の球を投げて飛距離を競う。投げるとき、球を肩より後ろに引くと反則になる。

跳躍

走り高とび
助走をつけてとび、落とさずにこえられたバーの高さを競う。競技は男子のみで、女子の走り高とびはない。

走り幅とび
助走をつけてとんだ距離を競う。通常の踏切板は使用せず、1m×1.22mの長方形の踏切区域が設けられている。

関連キーワード｜コーラー▶P18

車いすバスケットボール

車いすに乗って行うバスケットボール。

対象障害 下肢障害

一般のバスケットボールとほぼ同じルールで、相手のゴールにボールを入れて得点を競う。コートの広さやゴールの高さも変わらないが、ボールを持ったまま、車いすを3回以上こいではならないという独自のルールがある。競技に使用される専用の車いすは、車輪がハの字に取りつけられており、ターンしやすい構造になっている。車いすには転倒防止装置がついているが、倒れた場合は自力で起き上がらなくてはならない。起き上がれない場合は、試合が止まりスタッフや選手に手助けしてもらう。ボールを保持したまま転倒した場合は、相手側のスローインになる。
ポイント制度が導入されているため、コートでプレーする5人のチーム編成には規定があり、障害の程度によって決められたポイントが14.0点以内でなくてはならない。

> 1960年の第1回ローマ大会から正式種目として行われていたんだって！

障害の程度によるクラスは、障害の軽いものから4.5〜1.0点（ポイント）の0.5点きざみで分けられる

関連キーワード｜ポイント制度 ▶P15

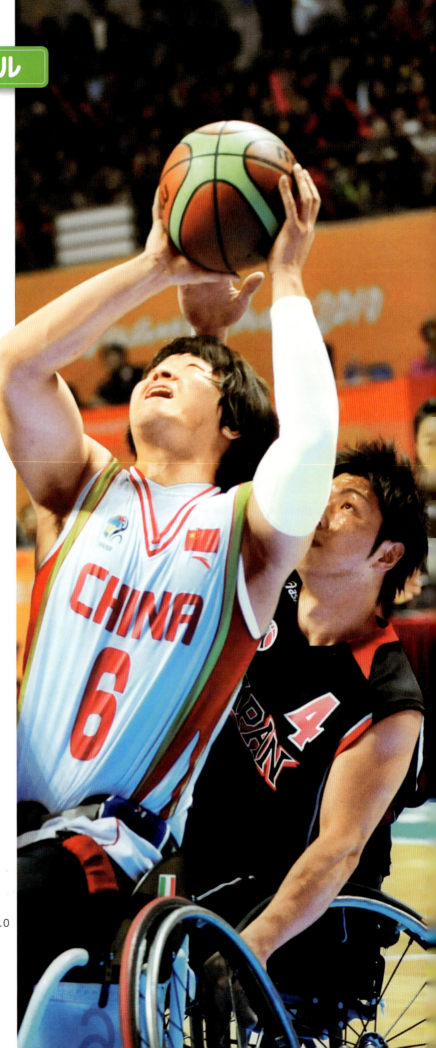

※紹介している情報は、2017年1月現在のものです。

ウィルチェアーラグビー

バスケットボール、ラグビー、アイスホッケーなどの要素が盛りこまれた車いすの競技。

対象障害 四肢障害（四肢まひ、四肢欠損など）

四肢に障害のある車いすの選手が、各チーム4人で相手側のゴールラインまでボールを運び、ポイントを競う団体競技。男女混合で行われる。ボールを持った選手の、車いすの2つの車輪がゴールラインをこえるとポイントとなる。コートはバスケットボール用のコートを使用し、両サイドに幅8mのゴールラインが設けられる。ボールはバレーボールと同じ大きさの専用球。
ボールの運び方は、ける以外は認められており、投げる、打つ、転がす、ドリブルするなどさまざまである。また、通常のラグビーと異なり、前方へのパスが認められている。
ポイント制度が導入されているため、選手は障害の程度によってクラス分けされ、クラスに応じて一人ひとりに持ち点があたえられる。一度にコートに立つ選手の合計が8.0点以内でなくてはならない。パラリンピック競技の中で唯一、車いす同士のぶつかり合いが認められており、激しい攻防が見られる。

クラスは障害の程度によって、軽いものから3.5〜0.5点の0.5点きざみで分けられる。4人の中に女子選手がふくまれる場合は、上限に0.5点が加算される

関連キーワード｜ポイント制度 ▶P15

柔道

視覚障害者によって行われる柔道で、組み合った状態で試合が始まる。

対象障害 視覚障害

ルールは、「国際柔道連盟試合審判規定」と「国際視覚障害者スポーツ協会柔道試合規則及び大会申し合わせ事項」に準じ、一般とほぼ変わらないもので行われる。試合は選手同士が組み合った状態で開始され、試合中に選手が離れてしまった場合は審判から「まて」が宣言される。その際、選手は試合開始位置にもどり、組み合った状態から試合を再開する。そのため、中央の開始線の間隔は50cmと決まっていて、オリンピックの2mに比べると短い。競技時間は男女ともにオリンピックと同じ5分だが、決着がつかなかったときのゴールデンスコア方式（延長の方式で、どちらかの選手が有効以上のポイントを勝ちこすまで勝負する）は、オリンピックが3分なのに対し、パラリンピックは5分で行われる。

● 種目

男子	女子
60kg級〜100kg超級 （7階級）	48kg級〜70kg超級 （6階級）

参加するのは視覚障害者で、障害の程度によるクラス分けはない。体重別に、男子は7階級、女子は6階級で行われる

※紹介している情報は、2017年1月現在のものです。

自転車

自転車でタイムや着順を競う競技。屋内の競技場を走行する種目と、屋外の一般道を走行する種目がある。

対象障害 肢体不自由、視覚障害

トラック

すり鉢状につくられた、競技場の内側のバンクとよばれる斜面をかけぬける競技。二輪自転車は、一般的な競技用自転車を使用するが、ペダルと義足を固定するための改良などが認められている。また、バランスを取ることが困難な選手は、三輪自転車を使用できる。
視覚障害の選手は、2人乗り用のタンデム自転車で競技を行う。タンデム自転車の前席には「パイロット」とよばれる健常の選手が乗り、ハンドル操作を担当する。

●種目

男女共通
個人追い抜き（パシュート）
タイムトライアル
チームスプリント〈男女混合3人〉

ロード

屋外の一般道を走行する。決められた距離を完走するまでの所要時間を競う「タイムトライアル」と、着順を競う「ロードレース」の2種目がある。使用する自転車はトラック種目と同じだが、ロード種目では、下肢障害の選手は手や腕だけで動かせるハンドサイクルも使用できる。

●種目

男女共通
タイムトライアル
ロードレース
チームリレー〈男女混合3人〉

関連キーワード｜パイロット ▶ P19

障害の種類によって「二輪自転車」「三輪自転車」「タンデム自転車」「ハンドサイクル」など使用する自転車が異なる。使用する自転車ごとに部門があり、その中で障害の程度によりクラス分けされている

卓球

第1回ローマ大会から実施されている、車いす使用者と知的障害者による卓球。

対象障害 肢体不自由、知的障害

競技は、一般の競技規則に準じて行われるが、障害の種類や重さによって一部異なるルールが用いられる。たとえば、車いす選手のサービスがエンドラインを正しく通過しなかった場合は、ノーカウントとしてやり直しになる。また、障害によってうまくサービスのトスができない場合は、一度卓球台にボールをバウンドさせてから打つことが認められている。

● 種目

男女共通
シングルス
団体〈2人～3人〉

クラスは肢体不自由の立位と車いす、知的障害の3つに分かれている。その中で障害の程度によって細かくクラス分けされる

5人制サッカー

視覚障害者によるサッカーで、ブラインドサッカーともよばれる

対象障害 視覚障害

各チーム5人、前後半25分で行われるサッカー。フィールドプレーヤーは全員、全盲の選手で、ゴールキーパーは視覚障害のない選手か、障害の軽い選手が担当する。フィールドはフットサルコートとほぼ同じ大きさで、両サイドのライン上にサイドフェンスが設けられているため、ボールがフィールドの外に出ることはない。
鈴の入ったボールの音やゴールキーパーの声、指示を出すことが認められた「コーラー（ガイド）」の声をたよりにプレーする。またフィールドプレーヤーも、ボールを持っている相手に近づくときは、「ボイ（スペイン語で「行く」という意味）」と声をかけなければならない。

障害の程度によるクラス分けはなく、公平をきすため光を完全に遮断するアイマスクを装着する。さらに、危険防止のためヘッドギアの装着が義務づけられている

関連キーワード｜コーラー ▶ P18

パラトライアスロン

水泳、自転車ロードレース、長距離走を連続して行う競技。2016年リオデジャネイロ大会から正式競技となった。

対象障害 肢体不自由、視覚障害

オリンピック同様に、「スイム（水泳）」「バイク（自転車ロードレース）」「ラン（長距離走）」の3種目を連続して行う。オリンピックがスイム1.5km、バイク40km、ラン10kmなのに対し、パラリンピックは半分のスイム750m、バイク20km、ラン5kmで行われ、ゴールまでのタイムを競う。

次の種目へと移り変わる過程をトランジションといい、車いすの乗り降りやウェットスーツの着脱を、「ハンドラー」とよばれる公認の支援者に助けてもらうことができる。障害の種類によって、義足の装着や、推進力を加えない範囲でのバイクの改造が認められている。視覚障害者には、レース全体を通して同性のガイドの伴走が義務づけられている。

ひとりで競技を行うことが困難な選手に限り、ハンドラーに手助けしてもらうことができる

クラスは障害の種類によって大きく座位、立位、視覚障害の3つに分けられる。立位は障害の程度によって、さらにクラス分けされる

両足に障害のある選手は、バイクのときに両手で操作するハンドサイクルを、ランのときに競技用の車いすを使用できる

パワーリフティング

上半身を使ってバーベルを持ち上げ、その重量の記録を競う。

障害の種類や程度によるクラス分けはなく、体重別に10階級で行われる。下肢切断の選手は重量が軽くなるため、一定の重量が加算される

対象障害 下肢障害

下肢に障害のある選手が、上半身の力でバーベルを持ち上げる。主審1名と副審2名の、合計3名が判定し、そのうち2名が成功と判断すれば、記録が認められる。
競技では専用のベンチプレス台を使用して、脚をふくむ全身を台に乗せた状態で行う。1964年の東京大会では、脊髄損傷による下肢まひの選手のみが対象で、「ウエイトリフティング」として行われていた。現在は脳性まひ者、下肢切断者、下肢機能障害者などに対象が広げられている。

●種目

男子	女子
49kg級～107kg超級 （10階級）	41kg級～86kg超級 （10階級）

> 選手は3回ずつバーベルを上げ、基本的には回数を追うごとに重量を増やすよ。これは記録をのばすのが目的なんだ。新記録をめざして特別に4回目に挑戦することもできるけど、順位には反映されないよ。

※紹介している情報は、2017年1月現在のものです。

アーチェリー

的に向かって矢を放ち、当たった場所によって得られる得点を競う競技。

対象障害 肢体不自由

パラリンピックの父とよばれるグットマン博士が、1948年にはじめて開いた競技会でも行われた、歴史ある競技。弓で矢を放って的をねらい、中心に近い位置に当たるほど、高い得点を得られる。

パラリンピックで使用する弓には、オリンピックでも使われる一般的な「リカーブ」と、両端に滑車がついた「コンパウンド」の2種類がある。的までの距離は、リカーブ部門が70m、コンパウンド部門が50mと定められている。

各種目、はじめに全員がランキングラウンドを行い、72本の矢を放った合計点で順位を決める。順位によって対戦相手が決まり、勝ち抜き戦のトーナメントによって、優勝者（チーム）を決める。競技ルールは、種目によって異なる。

コンパウンド部門の選手。弦を引く力が弱くても矢を飛ばせるように、弓の両端には滑車がついている

アーチェリーのクラス分けは、「車いすを使用する四肢不自由者（W1）」「車いすを使用する下肢不自由者」「立位またはいす使用者」の3つ。障害のクラスは3つに分かれるが、競技を行うときは「車いすを使用する下肢不自由者」と「立位またはいす使用者」はオープンクラスに統合される

関連キーワード｜アーチェリー大会 ▶ P29

●種目

男女共通
W1クラス（個人、団体〈男女2人〉）
オープンクラス コンパウンド（個人、団体〈男女2人〉）
オープンクラス リカーブ（個人、団体〈男女2人〉）

ローイング（ボート）

1〜4人でボートをこぎ、着順を競う。

対象障害　肢体不自由、視覚障害

1,000mのコースをボートをこいで競走し、ボートの先端がゴールラインに到着するまでの着順を競う。パラリンピックでは2008年の北京大会から正式競技になった。

種目には、コックスフォア、ダブルスカル、シングルスカルの3つがある。コックスフォアは、4人のクルー（漕手）と1人のコックス（舵手）で編成され、クルーの4人はそれぞれ1本のオールでこぐ。コックスは健常者が務めてもよい。また、ダブルスカルは2人のクルーで、シングルスカルは1人で左右2本のオールをこぐ。

● 種 目

男女共通
コックスフォア〈男女混合クルー4人＋コックス1人〉
ダブルスカル〈男女混合クルー2人〉
シングルスカル〈クルー1人〉

障害の種類や程度によって、3つのクラスに分かれて実施される

カヌー

200mの距離をカヌーで競走して着順を競う。

対象障害　下肢障害

2016年のリオデジャネイロ大会から正式競技となった。オリンピックでは、急流につくられたゲートを通過し、その技術とタイムを競う「スラローム」と、一定の距離をいっせいにスタートして着順を競う「スプリント」があるが、パラリンピックではスプリントの200mのみが行われる。

ボートでは進行方向と逆向きでオールをこぐのに対して、カヌーは進行方向を向いてこぐ。種目はパドルを左右交互にこぐカヤックと、片側だけをこいで進むヴァー（アウトリガーカヌー）がある。

● 種 目

男女共通
カヤック部門
ヴァー部門*

＊2020年東京大会から採用予定

※紹介している情報は、2017年1月現在のものです。

体幹や足の機能に関わる障害の程度によって3つのクラスに分かれ、男女別に競技が行われる

馬術

人と馬が一体となって、演技の正確性と芸術性を競う。

対象障害	肢体不自由、視覚障害

あらかじめ決められた規定演技を行う「チャンピオンシップテスト」と、選手が選んだ楽曲に合わせて演技を行う「フリースタイルテスト」がある。運動項目ごとに、審判が10点満点で採点し、合計点で順位が決まる。
障害によっては馬をあやつる手綱の改良などが認められている。選手はジャケットや乗馬ブーツ、手袋、ヘルメットなど、決められた服装をしなければ競技に参加できない。

◉種 目

男女混合
チャンピオンシップテスト
フリースタイルテスト
団体戦〈4人〉

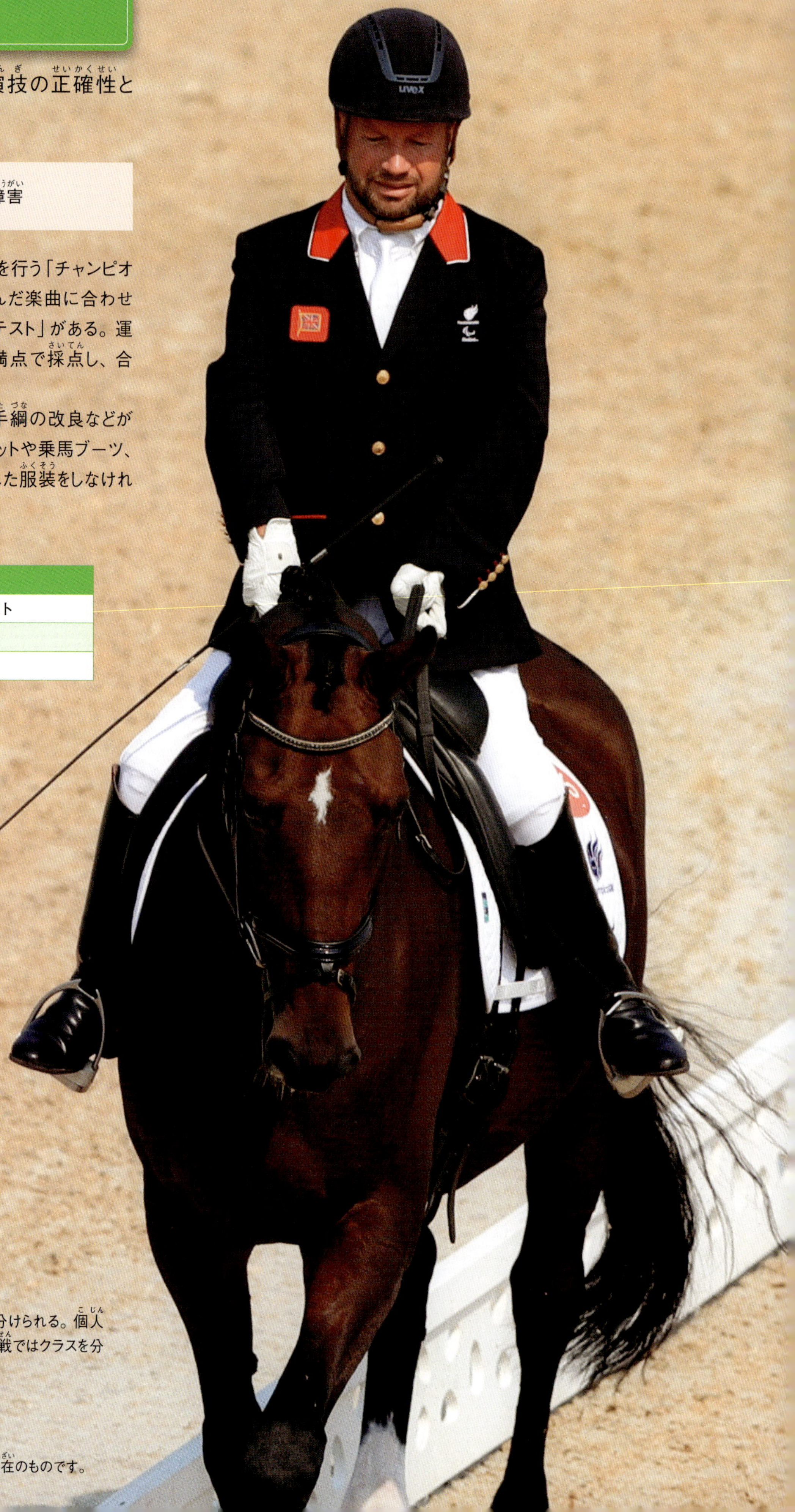

障害の程度に応じて5つのクラスに分けられる。個人戦ではクラスごとに競技を行い、団体戦ではクラスを分けずにチームで競技を行う

 ※紹介している情報は、2017年1月現在のものです。

上肢でライフルを保持できるか、支持スタンドを使用してライフルを保持するかの2クラスに分けられる

射撃

ライフルやピストルで標的を撃ち、当たった場所によって得られる得点を競う競技。

対象障害 肢体不自由

種目は銃の種類や射撃するときの姿勢、的までの距離によって分けられている。標的までの距離は、50m、25m、10mの3パターンがある。1発の満点は10点（決勝では10.9点）だが、たとえば10mのエアライフルで満点を出すには、直径4.5mmの弾丸を、的の中心にある直径0.5mmのマークに命中させなければならない。得点は的の中心から遠くなるほど低くなる。上肢でライフルを持って射撃できない選手は、支持スタンドを使用することが認められている。

● 種目

男女共通	男女別
10mエアライフル／伏射	10mエアライフル／立射
10mエアライフル／立射	50mライフル／3姿勢
50mライフル／伏射	10mエアピストル
25mピストル	
50mピストル	

● 銃の種類

銃の種類		的までの距離
ライフル	エアライフル	10m
	ライフル	50m
ピストル	エアピストル	10m
	スポーツピストル	25m
	フリーピストル	50m

シッティングバレーボール

すわったままの姿勢で行う6人制のバレーボール。

対象障害 下肢障害

選手は肩からおしりにかけての一部を床につけたままプレーする。基本的には国際バレーボール連盟の競技規則に準じて行われるが、すわったままでもプレーできるようにネットの高さが男子1.15m、女子1.05mと低く設定されており、コートもせまい。レシーブ以外でおしりが床からはなれると反則となる。試合は5セットマッチで行われ、3セット先取したほうが勝利。

障害の程度によって軽度と重度に分けられる。軽度の選手は1チーム2人までで、一度にコートに入れるのは1人に限られる

車いすフェンシング

車いすを固定して上半身のみで行うフェンシング。

対象障害 下肢障害

選手の腕の長さに応じて位置を決め、ピスト（フェンシングフレーム）とよばれる装置に車いすを固定して、上半身だけで競技を行う。ルールや種目は一般のフェンシングと基本的には同じで、「エペ」では上半身を、「フルーレ」では胸部や腹部などの有効面を剣先でつく。「サーブル」では、上半身をつくだけでなく斬ることもできる。服やマスクなど、使用する道具も一般の競技と変わらず、剣が当たったかどうかは電子判定される。使用できる剣は、種目ごとに異なる。

●種目

男女共通
フルーレ（個人、団体〈3人〉）
エペ（個人、団体〈3人〉）
サーブル（男子個人のみ）

障害の程度によって、2つのクラスで競技を行う

2016年 リオデジャネイロ大会まで行われていた競技

セーリング

 肢体不自由、視覚障害

海上に設定されたコースを、ヨットでいかに速く走れるかを競う競技。男女の区別や障害によるクラス分けはない。種目には2.4kmR級（1人乗り）、スカッド18級（2人乗り）、ソナー級（3人乗り）がある。2000年のシドニー大会から正式競技となったが、2020年の東京大会では実施されない。

7人制サッカー

 脳性まひ

脳性まひの選手が出場する7人制のサッカー。脳性まひを表す英語「Cerebral Palsy」から、CPサッカーともよばれる。基本的には国際サッカー連盟の定める11人制サッカーの規則にのっとって行われるが、フィールドやゴールがせまいほか、オフサイドがなかったり、片手のスローイングが認められていたりと、一部変更点がある。2020年の東京大会では実施されない。

2020年 東京大会で増える競技

バドミントン

 未定

立位や車いすといった障害の種類や程度によってクラスが分かれるが、基本的なルールは一般と変わらない予定。ネットの高さも同様だが、コートの広さはクラスによって異なる。車いすのクラスや下肢に重い障害のある立位のクラスでは、通常の半分ほどの広さになる見通し。

テコンドー

 未定

「けり」による攻撃が特徴的な格闘技で、パラリンピックではキョルギとよばれる組手の種目のみ実施される。一般のテコンドーと基本的に同じルールが適用される予定。

冬季パラリンピック

アルペンスキー

立った状態や、すわった状態など、障害によって滑り方が異なる。

対象障害 肢体不自由、視覚障害

雪の斜面をスキーで滑走する。競技は男女別に、立位、座位、視覚障害の3つのカテゴリーに分かれる。種目は高速系の「ダウンヒル」と「スーパーG」、技術系の「ジャイアントスラローム」と「スラローム」、さらにスーパーGとスラローム1本ずつの合計タイムで順位が決まる「スーパーコンビ」の5つが行われる。計算タイム制が導入されており、実走タイムに、障害の程度に応じた係数をかけることで公平さを保っている。シッティングの選手が使用するスキーはチェアスキーとよばれ、一本のスキー板の上にすわる形で操作する。

クロスカントリースキー

クロスカントリー専用のスキー板とストックを使い、起伏のあるコースを滑ってタイムを競う。別名「雪原のマラソン」。

対象障害 肢体不自由、視覚障害

> マラソンよりも長い距離を走る種目もあるんだって！

関連キーワード｜計算タイム制 ▶ P15

※紹介している情報は、2017年1月現在のものです。

●種目

	男女共通
高速系種目	ダウンヒル
	スーパーG
技術系種目	ジャイアントスラローム
	スラローム
スーパーコンビ（スーパーGとスラローム）	

障害の種類と程度によってクラス分けされている。カテゴリーごとに種目を行い、クラスによって決められた係数をかけてタイムを算出する

アルペンスキー同様に第1回エンシェルツヴィーク大会から実施されている。「クラシカル」「フリー」「スプリント」「リレー」といった種目があり、それぞれに立位、座位、視覚障害のカテゴリー分けがある。
クラシカルでは、スキー板を左右平行に保ちながら、トラックとよばれる溝にそって滑り、フリーでは、スキー板を逆ハの字に開いてスケーティング走法などで滑る。スプリントは個人でスピードを競う競技で、リレーは1チーム4人で行う。また、アルペンスキー同様、実走タイムに障害に応じた係数をかけてタイムを出す。視覚障害の選手には、ガイドによる声の誘導が認められている。

●種目

男女共通
クラシカル（男子20km、女子15km）＊
フリー（男子10km、女子5km）
スプリントフリー（1km）
オープンリレー（4人×2.5km）
ミックスリレー（4人×2.5km〈男女混合〉）

＊座位カテゴリーのみ、男子15km、女子12km

障害の種類と程度によってクラス分けされ、アルペンスキーと同様に計算タイム制が導入されている

アイススレッジホッケー

2本のスティックとソリをあやつり、ゴールを奪い合う競技。

対象障害 下肢障害

選手は、「スレッジ」とよばれる専用のソリに乗り、おしりの部分にアイスピック（刃）がついたスティックを使って移動する。スティックは左右に1本ずつ持ち、ブレードとよばれる部分でゴム製のパックをあやつって得点をねらう。ベンチ入りできるメンバーは15人で、同時に氷上でプレーできる選手は6人。交代は随時可能。「氷上の格闘技」とよばれるほど激しい接触があり、ウィンタースポーツの中でも人気が高い。2018年から「パラアイスホッケー」という名称に変更予定。

団体競技だがポイント制度は採用されていない。スレッジが短いため、小回りのきく選手が力を発揮しやすい

バイアスロン

「クロスカントリースキー」と「射撃」を組み合わせた複合競技。

対象障害 肢体不自由、視覚障害

スキーの速さと射撃の正確性を競う競技。距離に応じて「ショート」「ミドル」「ロング」の3つの種目に分けられる。ショートとミドルでは、選手は射撃を外した回数分ペナルティループを滑走し、ロングでは1発外すとタイムに1分が加算される。なお、射撃は伏せた状態で行う。アルペンスキーなどと同様に、計算タイム制を導入しているので、実走タイムに障害に応じた係数をかけてタイムを出す。視覚障害の選手が射撃をするときは、的の位置がわかるスコープから出る音をヘッドフォンで聞いて、ねらいを定める。

2014年の第11回ソチ大会（ロシア）でショート男子（座位）銅メダルに輝いた久保恒造選手

選手は立位、座位、視覚障害の3つのカテゴリーに分かれ、男女別にタイムを競う。計算タイム制のため、選手たちはクラスに関係なく競い合う

●種目

男女共通
ショート（男子7.5km、女子6km）
ミドル（男子12.5km、女子10km）
ロング（男子15km、女子12.5km）

関連キーワード ｜ 計算タイム制 ▶ P15 ｜ ポイント制度 ▶ P15

※紹介している情報は、2017年1月現在のものです。

車いすカーリング

車いす使用者による、キューを使ったカーリング。

対象障害　下肢障害

試合は2チームによる対戦形式で行われ、1チーム4人のうち、必ず1人は女子を入れなければならない。1試合は8エンドで行われる。1エンドにつき、各選手に2個ずつストーンが与えられ、それをハウスとよばれる円をねらって滑らせる。助走はつけない。各チーム交互に投げるため、ときには相手チームのストーンを弾き飛ばすこともある。全員がストーンを投げ終えた時点で、ハウスの中心からもっとも近い位置にストーンを置いたチームが得点する。ストーンの操作は、キューとよばれる補助具を使って行う。ブラシで氷上をはくスウィーピングを行わないため、ストーンをいかにうまくあやつることができるかで勝敗が決まる。

障害の程度によるクラス分けは行わない

2018年 平昌大会から増える競技

障害のある部位や程度によって、下肢障害2クラス、上肢障害1クラスの計3クラスに分かれて競う

スノーボード

スノーボードで雪上を滑走し、タイムを競う競技。

対象障害　肢体不自由

2014年のソチ大会からアルペンスキーの1種目としてスノーボードクロスが登場し、2018年の平昌大会からは独立した1つの競技となる。種目には「スノーボードクロス」と「バンクドスラローム」がある。スノーボードクロスでは、起伏やカーブに富んだコースを滑り、タイムを競う。バンクドスラロームでは、コースの両わきのバンク（小さな斜面）を利用してターンを繰り返しながら、途中に設けられた旗門を通過するように滑り、タイムを競う。

◉種目

男女共通
スノーボードクロス
バンクドスラローム

さくいん

あ

アーチェリー		29、67
アーネム大会（1980年）		30、32
アイシェード（目かくし）		23
アイススレッジホッケー		76
アクション		43
アジア・パラリンピック委員会（APC）		25
アジアパラ競技大会		47
味の素ナショナルトレーニングセンター（NTC）		17
アテネ大会（2004年）		30、33
アトランタ大会（1996年）		31、32
アルベールビル大会（1992年）		30、33
アルペンスキー		19、74
インスブルック大会（1984年）		30、33
（1988年）		30、33
ウィルチェアーラグビー		6、22、61
エアライフル		71
エンシェルツヴィーク大会（1976年）		30、33
円盤投げ		59
エンブレム		11
オリンピック・パラリンピック競技大会組織委員会（OCOG）		24

か

ガイドスキーヤー（アルペンスキー）		19
ガイドランナー（陸上競技）		18
活動費用		16
カヌー		68
監督・コーチ		20
義手・義足		22
競技団体		16
共生社会		43
クァード（車いすテニス）		55
グットマン（ルードウィッヒ・グットマン）		28
クラシファイヤー		15
クラス分け		14、15
車いす（競技用車いす）		7、22、57
車いすカーリング		77
車いすスラローム		35
車いすテニス		54、55
車いすバスケットボール		22、60
車いすフェンシング		72
クロスカントリースキー		74、76
計算タイム制		15
コーラー（5人制サッカー）		18、64
（陸上競技）		18、59
ゴールキーパー（5人制サッカー）		18、64
ゴールボール		23、51
国際オリンピック委員会（IOC）		24

さ（右カラム上段）

国際身体障害者スポーツ大会準備（運営）委員会		36、37
国際ストーク・マンデビル大会		29
国際パラリンピック委員会（IPC）		10、24
国際パラリンピック・スポーツ連盟（IPSF）		24
国際ろう者スポーツ委員会（ICSD）		25
国立スポーツ科学センター（JISS）		17
5人制サッカー		18、64
こん棒投げ		59

さ

サポーター		21
視覚障害		12、18、19、23、47
肢体不自由		12
シッティングバレーボール		72
自転車		19、23、63、65
シドニー大会（2000年）		30、32
射撃		71、76
ジャックボール		23
ジャパンパラ競技大会		47
柔道		62
障害者スポーツ		14-17、36-39
障害の種類		12、13
障害別国際スポーツ組織（IOSD）		24
招致活動		40
身体障害		12、13
シンボル（スリーアギトス）		11
水泳		6、14、19、52、53
ストーク・マンデビル大会（1984年）		30、32
ストーク・マンデビル病院		28
スヌーカー		34
スノーボード		77
スペシャルオリンピックス		46
スペシャルオリンピックス国際本部（SOI）		25
スペシャルオリンピックス日本（SON）		25
スポーツ基本計画		17
スポーツ基本法		17
スポーツ庁		17
スリーアギトス（シンボル）		11
聖火		2、9、11
精神障害		13
赤十字語学奉仕団		39
セーリング		73
全国障害者スポーツ大会		47
全日本ろうあ連盟スポーツ委員会（JDSF）		25
ソウル大会（1988年）		30、32
ソチ大会（2014年）		30、33
ソルトレークシティ大会（2002年）		31、33

た

ダーチェリー		34
ダイバーシティ		15
卓球		6、22、64

タッパー（水泳）	19、53	
短距離走	58	
知的障害	12	
中距離走	58	
聴覚障害	13	
長距離走	58	
跳躍	59	
通訳	21	
テコンドー	73	
デフリンピック	46	
テルアビブ大会（1968年）	30、32	
東京大会（1964年）	30、32、38	
（2020年）	40-43	
投てき	59	
トーチ	9、11	
トラック（陸上競技）	7、58	
トリノ大会（2006年）	30、33	
トロント大会（1976年）	31、32	
トロントリンピアード	29	

な

内部障害	13
長野大会（1998年）	30、33
中村裕	36
7人制サッカー	73
日本障がい者スポーツ協会（JPSA）	25
日本パラリンピアンズ協会（PAJ）	25
日本パラリンピック委員会（JPC）	25
ニューヨーク大会（1984年）	31、32

は

バイアスロン	76
ハイデルベルグ大会（1972年）	30、32
パイロット（自転車）	19、23、63
馬術	70
走り高とび	59
走り幅とび	18、59
バドミントン	73
パラアイスホッケー（アイススレッジホッケー）	76
パラトライアスロン	65
パラリンピアン	7、44、45、48、49
パラリンピック・ムーブメント	10
パラリンピック教育	41
パラリンピック殿堂	9
バルセロナ大会（1992年）	30、32
パワーリフティング	66
バンクーバー大会（2010年）	31、33
バンクドスラローム	77
フィールド（陸上競技）	59
ブラインドサッカー（5人制サッカー）	64
北京大会（2008年）	30、33
ポイント制度	15

砲丸投げ	59
ボッチャ	23、50
ボランティア	21

ま

マラソン	7、56
メカニック	20
メダル	11

や

ヤイロ大会（1980年）	30、33
やり投げ	35、59
やり正確投げ	35
4つの価値	10

ら

ランプ（勾配具）	23
リオデジャネイロ・パラリンピック	8
リオデジャネイロ大会（2016年）	31、33
陸上競技	7、56-59
リレハンメル大会（1994年）	30、33
ルードウィッヒ・グットマン	28
レガシー	43
ローイング（ボート）	68
ローマ大会（1960年）	30、32
ローンボウルズ	34
ロンドン大会（2012年）	30、33

アルファベット

APC（アジア・パラリンピック委員会）	25
ICSD（国際ろう者スポーツ委員会）	25
IBSA世界選手権大会	47
INASグローバル競技大会	47
IOC（国際オリンピック委員会）	24
IPSF（国際パラリンピック・スポーツ連盟）	24
JDSF（全日本ろうあ連盟スポーツ委員会）	25
JISS（国立スポーツ科学センター）	17
JPC（日本パラリンピック委員会）	25
JPSA（日本障がい者スポーツ協会）	25
NTC（味の素ナショナルトレーニングセンター）	17
OCOG（オリンピック・パラリンピック競技大会組織委員会）	24
PAJ（日本パラリンピアンズ協会）	25
SOI（スペシャルオリンピックス国際本部）	25
SON（スペシャルオリンピックス日本）	25

監　修

和田 浩一

フェリス女学院大学国際交流学部教授。日本オリンピック・アカデミー理事。

東京都教育庁指導部オリンピック・パラリンピック学習読本編集委員会委員および教育映像教材検討委員会委員を務めたほか、日本オリンピック委員会「オリンピアン研修会」や全国の大学・高校・中学校・小学校、教員研修会（東京都）、自治体主催の講演会や講座などで、近代オリンピックの創始者クーベルタンとオリンピズムを主なテーマに講演している。専門はオリンピック研究、体育・スポーツ史。神戸大学大学院教育学研究科修了。松蔭中学校・松蔭高等学校（神戸市）、神戸松蔭女子学院大学を経て、2014年から現職。その間、2005年にストラスブール第二大学第三期課程を修了。石川県出身。

監修協力

堀切 功

一般社団法人日本パラリンピアンズ協会 事務局長。

『月刊スキージャーナル』副編集長を務めた後、2001年よりフリーランスの編集者・フォトジャーナリストとして活動する。アルペンスキーを中心にパラリンピック取材を続ける一方、選手会である日本パラリンピアンズ協会の運営に携わっている。

編　集	ナイスク（http://naisg.com）
	松尾里央　高作真紀　鈴木英里子　鶴田詩織　三東有紀
装丁・本文フォーマット・デザイン・DTP	工藤政太郎（ナイスク）　高八重子
イラスト	丸山眞一　ワカナコ
編集協力	山田幸子
校　閲	山川稚子
写真提供	アマナイメージズ　共同通信社　フォート・キシモト　朝日新聞社
	ゲッティイメージズ　アフロスポーツ、ロイター／アフロ　太陽の家
	カンパラプレス　日本障がい者スポーツ協会　日本パラリンピック委員会

パラリンピック
大事典

初 版 発 行　2017年 3 月
第 5 刷発行　2020年 2 月

監　修　　和田浩一
監修協力　堀切 功

発行所　　株式会社 金の星社
　　　　　〒111-0056 東京都台東区小島 1-4-3
　　　　　電話 03-3861-1861（代表）　FAX 03-3861-1507
　　　　　振替 00100-0-64678　http://www.kinnohoshi.co.jp
印　刷　　今井印刷 株式会社
製　本　　牧製本印刷 株式会社

NDC780　80P　28.7cm　ISBN978-4-323-06472-7
©Naisg, 2017
Published by KIN-NO-HOSHI SHA Tokyo,Japan

乱丁落丁本は、お手数ですが、小社販売部宛にご送付ください。
送料小社負担にてお取り替えいたします。

JCOPY 出版社著作権管理機構 委託出版物
本書の無断複写は著作権法での例外を除き禁じられています。
複写される場合は、そのつど事前に、出版社著作権管理機構
（電話 03-3513-6969、FAX 03-3513-6979、e-mail:info@jcopy.or.jp）の許諾を得てください。
※本書を代行業者等の第三者に依頼してスキャンやデジタル化することは、たとえ個人や家庭内での利用でも著作権法違反です。

オリンピック・パラリンピック大事典

全2巻

NDC780（スポーツ・体育）
Ａ４変型判　80ページ
図書館用堅牢製本

オリンピックとパラリンピックの全体像がつかめる、オリ・パラ教育に役立つシリーズ。各大会が誕生した背景や、現在に至るまでの歴史、それぞれの意義などを詳しく紹介しています。夏季・冬季それぞれの競技種目や、2020年に開催される東京大会に関する情報も収録。

オリンピック大事典
監修：和田 浩一

- Part1　オリンピックとは？
- Part2　オリンピックの歴史
- Part3　発展するオリンピック
- Part4　2020年 東京大会に向けて
- Part5　オリンピックの競技を知ろう

パラリンピック大事典
監修：和田 浩一／監修協力：堀切 功

- Part1　パラリンピックとは？
- Part2　パラリンピックの歴史
- Part3　2020年東京パラリンピック
- Part4　パラリンピックの競技を知ろう